世界最先端のマーケティング

顧客とつながる企業のチャネルシフト戦略

奥谷孝司
岩井琢磨

日経BP社

イントロダクション

アマゾンはなぜリアル店舗を展開するのか？

オンラインでの顧客とのつながりを活かし、オフラインの顧客を争奪する戦いが起こっている。その先鋒がアマゾンだ。

アマゾンは、オンラインに軸足を置く企業だ。しかしいま、オフライン空間に次々とチャネルを設け、顧客を取り込もうとしている。顧客の自宅にアマゾンダッシュ（Amazon Dash）やアマゾンエコー（Amazon Echo）を、そしてリアル店舗としてアマゾンゴー（Amazon Go）やアマゾンブックス（Amazon Books）などを展開している。そして極め付けは、２０１７年に発表した米国の高級スーパー、ホールフーズ・マーケットの買収だろう。日本でも脅威として受け取られ、大きなニュースになった。

しかし、この動きを単にオンラインからオフラインへの「販路の多様化」と捉えたのでは、判断を誤る。アマゾンの狙いは、販路ではない。ネットとリアルを融合させたチャネルを通して、顧客の行動データを掴むことだ。そしてそれを使って、販促・価格・商品のすべてを「個客」ごとに最適化する戦いを仕掛けてくる。つまり一連のマーケティングミックス、いわゆる4Pの革新を進めているのである。それが完成した時のインパクトは、計り知れない。

アマゾンはすでに、購入履歴などからレコメンド情報を提供するという、販促の最適化は実現している。次のインパクトは、つながりによる「価格破壊」と「商品開発」だ。

例えばアマゾンは、アマゾンブックスやホールフーズなど、オフライン店舗でもプライム会員の価格優待を拡大している。またプライベートブランド（ＰＢ）の展開を加速しており、例えばアマゾンの乾電池などはネット販売で全米トップシェアになっている。つまりアマゾンはチャネルを起点に、販促・価格・商品というマーケティング要素自体を他社が模倣できないものに変革しようとしている。

アマゾンが実践する、この戦い方こそ、本書が注目するチャネルシフト戦略である。

すなわち、「チャネルシフト戦略」とは、

1. オンラインを基点としてオフラインに進出し、
2. 顧客とのつながりを創り出すことによって、
3. マーケティング要素自体を変革しようとする

戦い方である。

このような動きに対抗するためには、単にオンライン店舗とオフライン店舗を設けるだけでは、不十分だ。まず、チャネルの認識を「販売の場」から、「顧客とのつながりをつくる場」へと変えねばならない。真の意味でのチャネルシフトを自ら起こせなければ、オンラインからの侵入者に顧客を根こそぎ奪われることになる。

多くの企業が、すでにネットとリアルを融合させたチャネルで、顧客とのつながり構築を急いでいる。オンラインストアで事前にお気に入りの服を選びリアル店舗で購入する米ボノボス(BONOBOS)、リアル店舗で商品を選びオンラインストアで購入する仕組みを導入したニトリ、自宅にメガネのサンプルを送りお気に入りだけをオンラインで購入できる米ワービー・パーカー(Warby Parker)などである。

これらの企業はチャネルを変え、顧客とのつながりを強固にし、自ら事業変革を導いている。

筆者・奥谷は前職である良品計画において、無印良品のネット店舗の運用・MUJI passportアプリの開発などを主導し、現職であるオイシックスドット大地でも、事業会社の内部からチャネル変革を進めてきた。また筆者・岩井は広告会社という立場から、国内企業の多数のプロジェクトに携わり、チャネルを起点とした事業変革を支援してきた。

その経験から言えるのは、従来型のオフライン企業に、共通して足りていないことが3つあるということだ。1つ目は、「オンライン企業によるオフライン市場への進出」というトレンドを軽視していること。2つ目は、「顧客とのつながり強化」という狙いを看過していること。3つ目は、「マーケティング要素自体の変革」という彼らの真意を察知していないことである。つまり、チャネル変革をオペレーションの課題と捉え、これからの競争に向けた経営戦略の課題とは考えていない場合が多い。

そこで本書では、チャネルシフトという戦い方について、実践的かつ多角的に解説し、「何をすべきか?」を考えていくためのヒントを提供する。

本書はオフラインを基点とし、リアル店舗を展開する企業において、経営やマーケティングに携わる実務家に向けて書かれたものだ。

チャネルシフトとは具体的にどういう戦いであり、各社はそこでどうやって顧客とのつながりを強め、それによってどんな変革を起こそうとしているのか。事例からこれらを読み解く視点を持つことができれば、自らの業界変化を観察し、これからの自社の戦い方を考えることができる。本書の狙いはそこにある。

まずＰＡＲＴ１からＰＡＲＴ３では、主に「業界」という視点から事例と理論を俯瞰し、チャネルシフトという新しい競争を解説していく。そして続くＰＡＲＴ４とＰＡＲＴ５では、主にチャネルシフトを起こしている個々の「企業」に注目して、その戦い方の理論と事例を詳しく見ていく。さらにＰＡＲＴ６では、その戦い方の結果として、どのような「マーケティング」の革新を起こし得るかを考えていく。

つまり本書がたどるプロセスは、自社の戦略を組み立てる時の流れと符合する。業界を視て、他社の戦い方を知り、これから取るべき戦略を未来志向で考える。

抽象から具象への思考プロセスを可視化するために、本書では、「チャネルシフト・マトリクス」「顧客時間」「エンゲージメント４Ｐ」という、３つのフレームワークを提示する。これらは筆者らが、実践を通して開発し活用してきたものだ。チャネルシフトへの対応を考え、戦略を構築しようとする実務家に、活用していただけるツールになると思う。

なお本書には、いくつかの研究者による書籍や論文からの引用が登場する。

本書は実務家に向けたものであり、学術的な研究を仔細に論じることは、主旨ではない。しかし多くの研究は、社会や業界変化と向き合っている。研究を通して課題が整理され、解決策が理論化され、その成果を実務家が実践し、そこにまた新たな課題が生まれるという循環がある。したがって意識していなくても、実務家が現状を認識する思考の枠組みは、研究者が提示したものと同期することが多い。

特にチャネルにおけるネットとリアルの融合は「オムニチャネル」と呼ばれ、それに関する研究がすでに数多く存在する。これらの研究の示唆を確認することは、我々の思考の現在地を知り、変化を考える上で重要な土台となり得る。ぜひその視点から、これらの引用にも注目していただきたい。

また一貫して、先端事例をできるだけ多く取り上げることを心掛けた。その中には、日本企業だけでなく、米国のスタートアップ企業なども含まれる。チャネルシフトは、新しく起こっている戦いである。だからこそ概念だけではなく、具体的な事例を通し、実感を持って捉えることが重要と考えたからだ。

本書の執筆中にも、チャネルシフトの新しい動きが次々とあらわれている。オンライン進出を見据えたウォルマート・ストアーズの社名変更、アリババによる百貨店チェーン買収、そしてゾゾタウン（ZOZOTOWN）によるゾゾスーツ（ZOZOSUIT）発表などである。

これらの動きを読み解く視点を手に入れるために、最初に注目すべきは、やはりアマゾンの戦い方だろう。アマゾンの矢継ぎ早で全方位的な打ち手は、いまや世界中のアパレルや食品などの業界に変革を突きつけている。

では早速、アマゾンの取り組みをチャネルシフトの視点から分析し、その本質的な意味を読み解くことから始めていくことにしよう。

PART 3

店舗至上主義の限界

KEY 2 : CUSTOMER TIME

PART 4 購買体験をデザインする

PART 5
無印良品のつながり

KEY 3：ENGAGEMENT 4P

PART 6 つながりがマーケティングを変える

KEY 1 : CHANNEL SHIFT

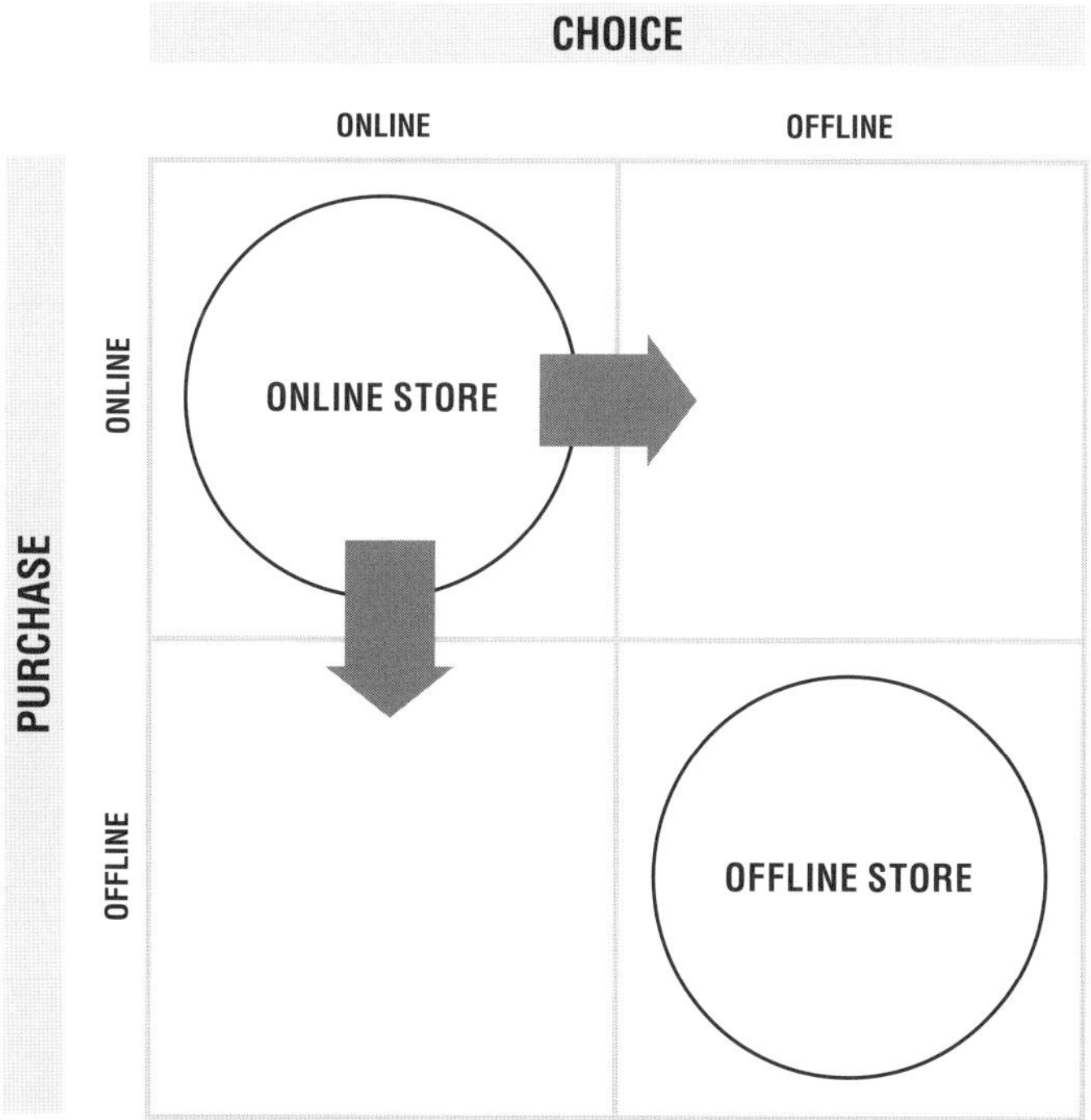

PART

1

アマゾンの脅威

01 オフライン空間への進出

Amazon Dash
「家」にチャネルを埋め込む

2016年12月、アマゾンから「アマゾンダッシュ(Amazon Dash)」という小さなボタンが日本でデビューした。ボタンには、飲料や洗濯洗剤やおむつなどのブランド名が印字されている。

これは、その特定銘柄をアマゾンで購入するための専用ボタンだ。スマートフォンやPCを立ち上げる必要もなく、ボタンを押すだけで「いつもの商品」を注文できる。冷蔵庫のトビラや洗濯機、あるいはおむつを入れている棚などに取り付けておき、「そろそろ買い足しておこうかな」と思ったら、ボタンを押す。それだけでアマゾンへの注文が完了し、商品が届くという仕組みだ。米国では2015年から導入している。

使い方は極めて簡単で、アマゾンダッシュをWi-Fiに接続し、アマゾンアプリからお気に入りの商品を設定するだけ。あとは必要な時に、ボタンを押せばよい。注文した商品が届くまではボタンを何度押しても1回分の発注しかされない設定もできるので、意図しない重複注文も防げる。また、商品の注文時に確認通知が届くので、注文内容を確認した上でキャンセルもできる。

アマゾンダッシュはプライム会員（年会費を支払い送料が無料になる）のみ利用が可能だ。2017年9月現在で確認すると、日本においても対象商品は日用品を中心に、約20カテゴリー・130種類以上のブランドにおよんでいる。

スマホもPCも必要ない

このアマゾンダッシュは小さなボタンに過ぎないが、チャネルという視点から見ると、これまでのパラダイムを大きく変えるほどの衝撃を与える〝大物〟だ。その革新性は、「オンライン購入のゲートを、自宅というオフライン空間に出現させた」ことにある。

これまで商品を購入するためには、アマゾンのウェブ

[Amazon Dash] 筆者撮影

サイトにスマートフォンやPCからアクセスする必要があった。そこで自分が欲しい商品を検索して選択し、購入ボタンを押す。選択も、購入も、すべてオンラインにアクセスして行われていた。しかしこのボタンがあれば、毎回オンライン店舗にアクセスする必要はない。自宅というオフライン空間で選択し、ボタンを押すだけでオンライン店舗で購入ができる。

オフラインで洗剤などの日用品を扱ってきた小売企業から見れば、オンラインから空間の壁を飛び越えてきた侵入者であり、明らかな脅威となる。

仮にアマゾンユーザーであったとしても、これまで洗剤などは、ドラッグストアの店頭で買っていたかもしれない。他の買い物のついでに近所の店舗に立ち寄り、お目当ての商品を探して手に取っていただろう。あるいは隣に並んでいる、いつもとは違う商品を手に取って、比較していたかもしれない。つまり何がしかの情報探索が店舗内で行われ、商品を選択していたわけだ。

しかし事前に銘柄を決めてしまい、その銘柄のアマゾンダッシュを台所に貼ってしまえば、店舗に行くことはもちろん、商品を探索することも比較することも一切なくなる。顧客からすれば、まさにこれまでにない購買体験であり、アマゾンは顧客を完全に囲い込むことに成功している。

アマゾンに「対立軸」は存在しない

もしかするとあなたの会社は、従来のオフライン店舗をメーンとした業態で、いまだにオンラインでの展開を「オフラインと同じような店舗をつくること」に限って議論しているかもしれない。「オンライン店舗の期待売上はまだそれほど大きくない」という理由だけで、オンライン展開に消極的な投資判断をしているかもしれない。オンライン店舗がヒット商品を生み出したのに、大黒柱のオフライン店舗を担当する部署から、「我々から顧客を奪う気か」と非難されているかもしれない。

もし思いあたる節があるなら、あなたの会社は大きな危機に直面している可能性がある。なぜならオンラインに軸足を置いて「チャネルシフト」を仕掛ける企業は、そうした議論に拘泥せず、オンラインとオフラインの両面で、選択チャネルと購入チャネルを柔軟に組み合わせた新しい戦略で挑んでくるからである。

そこには、オンライン店舗とオフライン店舗を対立軸で捉えるパラダイムなど存在しない。あるのは、いかにしてオフライン空間にチャネルを設け、そこで行われている買い物を、オンライン店舗に引き込むかである。

忘れてはならないのは、顧客にとってその店舗がオンライン企業のものか、オフライン企業のものかなど、どうでもよいという事実だ。そう言い切れば、異論が出るのも理解できる。しかし他社にない魅力的な購買体験を提供されれば、顧客は間違いなくそちらを選ぶようになると考えておいたほうがよい。いかに付き合いが長くとも、明らかに魅力のない企業に忠節を誓うほど顧客は甘くはない。店舗至上主義を捨てきれず、これまでのパラダイムに縛られていたら、気づかない間に、自社が大切にしているオフライン店舗の優位性すら、オンライン企業に奪われてしまうかもしれない。

オンライン店舗に引っぱり込む

従来のチャネルをめぐる議論は、オンライン店舗VSオフライン店舗の対立を軸としたものが多かった。そこではあくまでも「顧客がどちらかの店舗を選んで買い物をする」という前提に立っていた。顧客はまず「店舗」を選んでアクセスし、そこで商品の選択から購入まで完了するという考え方だ。

まず店舗ありきであり、一連の買い物行動は、すべて店舗で行われるという暗黙の前提。それは、小売業が縛られてきた「店舗至上主義」といってもよい解釈だ。だからこそ既存の小売企業は、自社のチャネルとしてオンライン店舗を用意し、「オフライン店舗と同じような」購買体験ができるように血道をあげてきたのだ。オフライン店舗とオンライン店舗は並行した個々の存在として扱われ、時にそれぞれを担当する部署が社内で競合意識を持つことすら起こり得た。

しかしアマゾンダッシュの発想には、そうした前提がない。オンライン店舗を基点にしながらも、そこに導くための接点をオフラインに置くという考え方である。選択のためのチャネル（Amazon Dash）と、購入のためのチャネル（Amazon.com）を切り離して捉え、オンラインとオフラインを機能的に組み合わせて、顧客を取り込もうとしている。

つまり「顧客はオンラインかオフラインのどちらかのチャネルを選んで買い物をする」のではなく、「顧客はオンラインとオフラインのチャネルを行ったり来たりしながら買い物をする」という前提に立っているのだ。

アマゾンの戦略基点は、オンラインにある。その戦い方は従来のオフライン企業のそれとは明らかに異なる。アマゾンダッシュの登場は、チャネルを「店舗ありき」という呪縛から解き放つと同時に、オフラインに軸足を置く企業にとっての新しい戦いの幕開けを示唆している。

これが、本書が着目する「チャネルシフト」であり、これから各業界で加速していく戦いである。

チャネルシフトのマトリクス

このチャネルシフトを分かりやすく捉えるためのマトリクスを提示しておこう。

このマトリクスは、企業が顧客とのつながりを活かして、オンラインとオフラインの壁をどのように越えようとしているのかを、可視化するものだ。

横軸は、顧客が「選択を行う場」を指す。顧客が情報を探索し、購入する商品を選択する場が、オンラインにあるのかオフラインにあるのかで分けている。

縦軸は、顧客が「購入を行う場」を指す。顧客が商品の購入を完了する場が、オンラインにあるのかオフラインにあるのかを分けている。

これを本書では、「チャネルシフト・マトリクス」と名付けておこう。

従来のオンライン店舗は、選択も購入もすべてオンラインで完結するのだから、「オンライン×オンライン」であり左上の象限に位置する。従来のオフライン店舗は双方をオフラインで完結させているので、「オフライン×オフライン」であり右下の象限に位置することになる。

つまりこれまでの「オンライン店舗VSオフライン店舗」という構図は、左上と右下の対抗軸

オンラインを基点とした２つのチャネルシフト

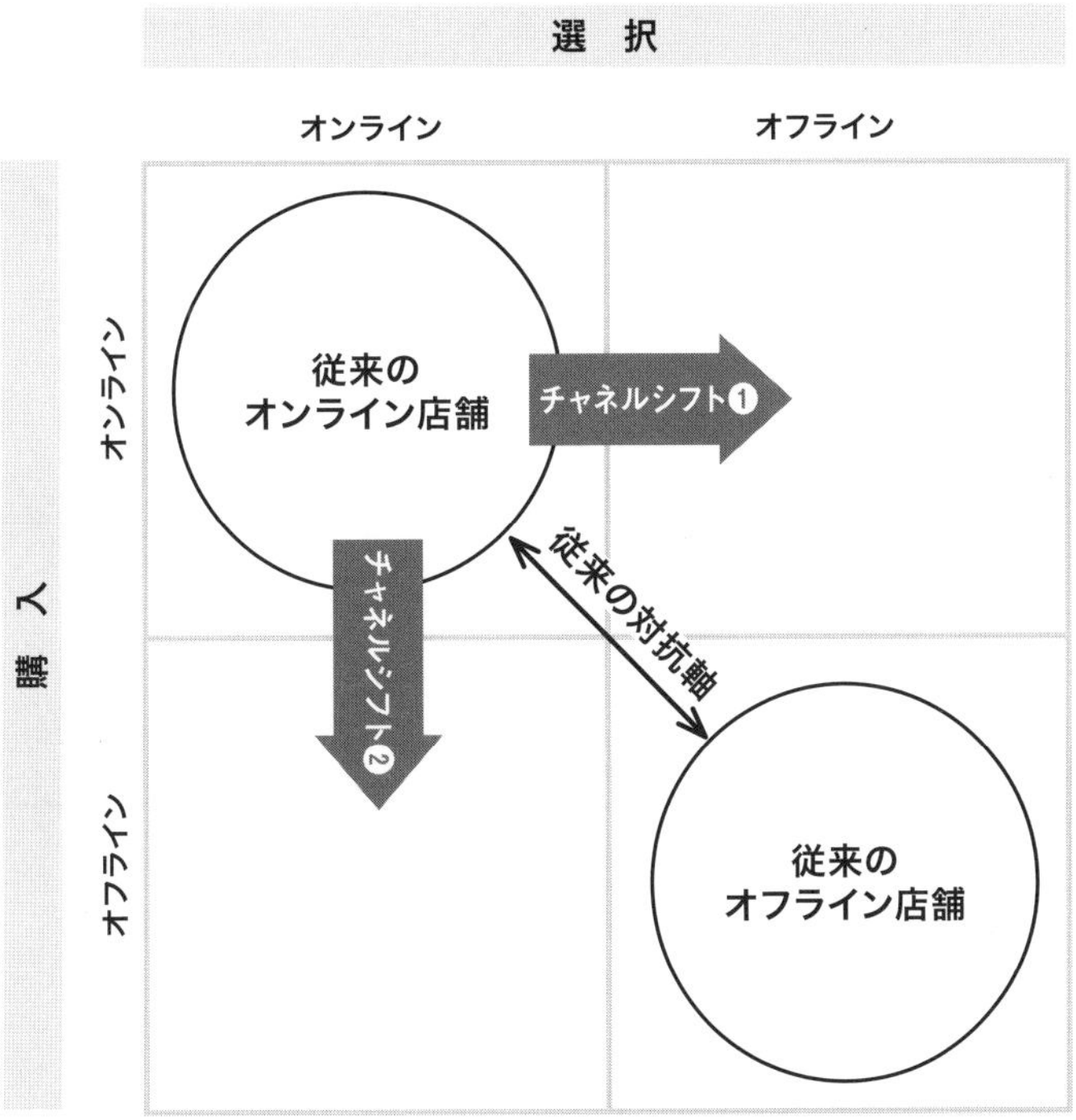

での議論であったということになる。これに対して本書が着目するチャネルシフトは、左上のオンライン店舗を基点に、従来の対抗軸とは異なる2象限に進出し、オフラインに存在する顧客機会を争奪しようとする動きを指す。

02 2方向への展開

Echo, Go, Books
Amazonワールドに誘い込む

チャネルシフトのマトリクスを、アマゾンに当てはめてみよう。前述の「アマゾンダッシュ」は選択の接点を自宅というオフライン空間に置き、購入はAmazon.comというオンライン店舗で行わせている。つまり右上の象限に進出する、チャネルシフト①に当たる。

アマゾンはこのチャネルシフト①を、様々な形で進めている。例えば、2017年11月に日本でも発売を開始した音声認識デバイス「アマゾンエコー（Amazon Echo）」も、この象限を開拓する強力なチャネルだ。

アマゾンエコーはスピーカーとマイク機能を内蔵するデバイスで、アマゾンダッシュ同様にユーザーが自宅に設置して使用するものだ。アマゾンは、AlexaというAI（人工知能）を開発しており、アマゾンエコーはこのAIと接続されている。「Alexa」と呼びかけるとアマゾンエコーが起動し、音声コマンドによって様々な操作が可能になる。単純な情報探索や天気情報などにも答えてくれるし、アマゾンミュージックが提供する楽曲などを楽しむこともできるし、

IoT機能を持つ照明や家電のコントロールを行うハブとしても機能する。

そしてもちろん、音声によってアマゾンでの買い物もできる。例えば、「Alexa、コピー用紙を注文して」と話しかけ数度の会話をするだけで、Amazon.comのオンライン店舗での購入が完了し、自宅に商品が届くという具合だ。

アマゾンダッシュにせよアマゾンエコーにせよ、「家」というオフライン空間に、自社のチャネルを埋め込んでいる。顧客は特定の場所に行く必要はなく、自宅にいながらにして、「Alexa、○○を注文して」と話しかければいいだけだ。こうなると顧客はネットにつながっているという感覚がないまま、オンラインでの買い物をすることになる。まさに顧客の買い物行動を軸に、オンラインとオフライン空間をシームレスにつなぐ取り組みだ。

レジのないコンビニ

さらにアマゾンはこの象限の開拓のため、2016年末に新しいリアル店舗「アマゾンゴー(Amazon Go)」を発表し、2018年1月には1号店をオープンした。

アマゾンゴーはレジのないコンビニエンスストアだ。顧客はアプリを起動し、ゲートにかざして入店する。あとは棚から好きな商品を選んでピックアップし、そのまま店を出てしまって

Amazonのチャネルシフト

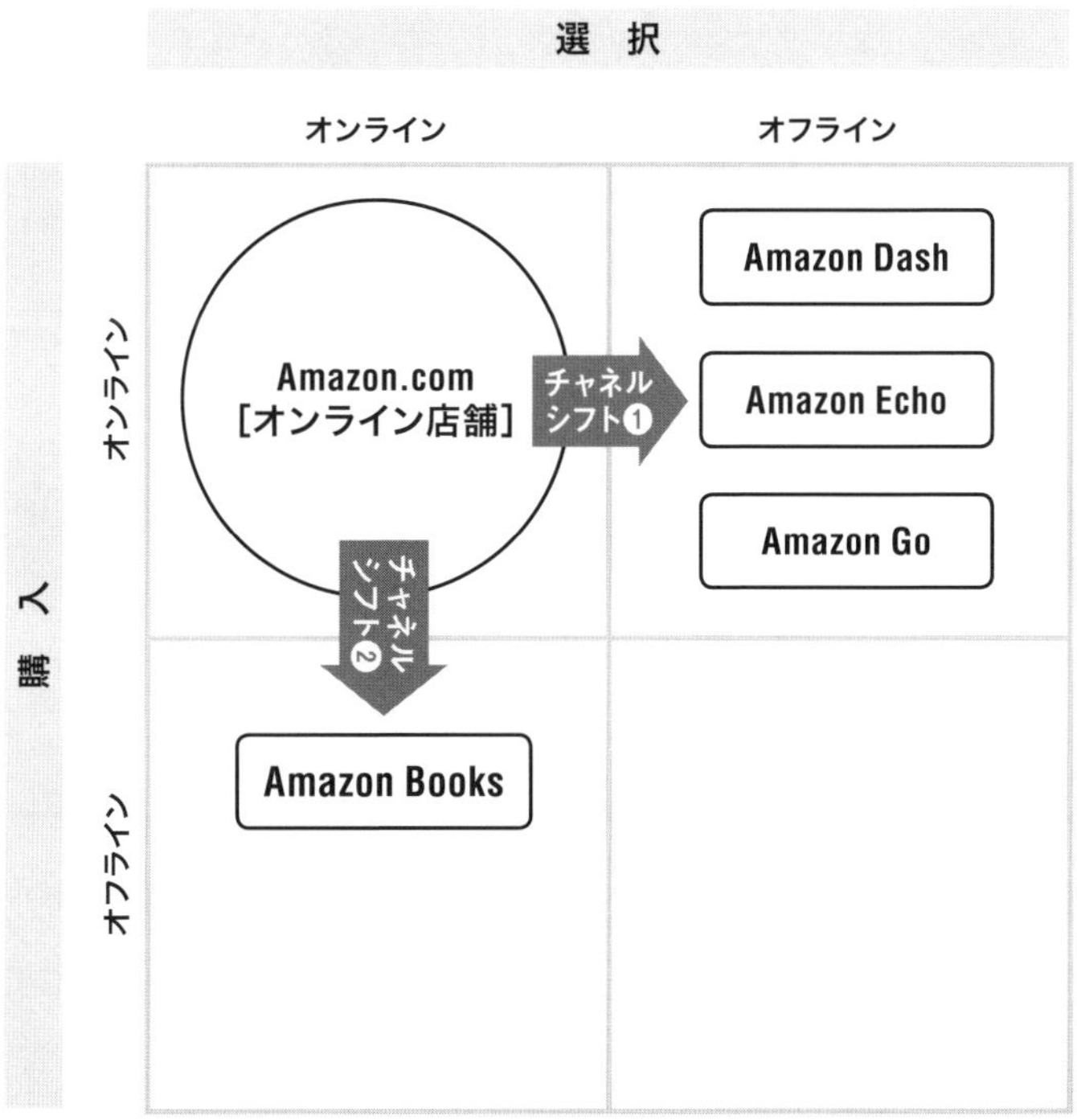

構わない。

　ピックアップした商品は、店内に設置されたセンサーなどを通じて認識され、顧客が店を出るとオンラインのアカウントで決済される仕組みだ。顧客はオフライン店舗で商品を選択しているのだが、レジで現金やクレジットカードを提示することなく決済を完了できる。これはアマゾンがＩＤを通して顧客とオンラインでつながっているからこそ可能であり、間違いなく、オフラインにおけるシームレスかつ新しい購買体験である。

　このようなレジ決済不要の店舗の実現は、店内での顧客行動の理解をさらに深める可能性がある。アプリを活用することで顧客ＩＤが把握できるため、どんな顧客が入店し、店内でどう回遊して、どんな商品を手に取り、実際に何を買ったのか、来店時間・滞在時間・検討商品・選択商品・購入

[Amazon Goの1号店]（Stephen Brashear / Getty Images）

履歴に至るまで、買い物行動をすべて把握できる可能性がある。

これらの知見は、これからのオフライン店舗の運用に活用できる。オフライン店舗を中心に展開する企業から見れば、店舗運営の効率化という点においても、アマゾンにアドバンテージを取られることになる。アマゾンゴーのような店舗が広範に展開されたら、従来型のオフライン店舗を展開する企業にとっては脅威になるだろう。

リアル店舗で「オンラインのつながり」を活用

次にチャネルシフト②は、選択の接点をオンライン空間に置き、購入はオフライン店舗で行わせる取り組みを指す。アマゾンはこの象限での取り組みとして、「アマゾンブックス(Amazon Books)」を展開している。

アマゾンブックスは文字通り、アマゾンが展開するオフラインのブックストアである。その品揃えは、アマゾンでの人気ランキングやレビューといった「オンラインでの情報」を活用している。店内の書籍は、ほぼすべて表紙が見えるように面置きされており、顧客から背表紙しか見えない陳列はほとんどない。面置きが原則になっている分、店内に在庫として持てる商品数は限られるが、他社にはないオンライン情報によって絞り込まれた本との出会いを提供し、顧客を引きつけている。

各商品の前に掲げられた黒いタブには、Amazon.comでのレビューなどが表示されているが、価格はどこにも表示されていない。代わりに商品コードが記載されており、顧客はスマートフォンでアマゾンアプリを立ち上げてコードをスキャンし、オンラインでレビューや価格情報を確認して選択をする。もちろんそのままオンラインで購入しても構わないが、選択した商品は、店舗内のレジカウンターで購入し持ち帰ることができるので、その点は通常の書店と変わらない。

店頭でAmazon.comにアクセスすると購買履歴に応じたレコメンドも表

［Amazon Booksの商品タグ］筆者撮影

［Amazon Booksの店舗］筆者撮影

示されるので、その情報をもとにアマゾンブックス店内を探索することもできる。また価格は、プライム会員の場合と、通常会員の場合とが比較表示される。プライム会員はオフラインであっても、オンラインと同じ優待価格で購入できるのだ。

その圧倒的な価格差を見れば、たとえAmazon.comでオンラインショッピングをしていなかった顧客でも、プライム会員になっておこうという強いモチベーションが生まれるだろうし、プライム会員は会員であることの優越感・満足感を得るだろう。まさにオンラインで顧客とのつながりをつくり、さらに強めようとする取り組みだ。

全米ショッピングセンターの優良テナントになる

アマゾンは、アマゾンブックスを含めたリアル店舗が好評なため、さらにオフラインでの店舗網を構築し、顧客との接点を増やしていく狙いだという。

米でショッピングモールを多数保有する米不動産大手ジェネラル・グロース・プロパティーズのサンディープ・マスラニ最高経営責任者（ＣＥＯ）は「ネット通販企業はモールの敵ではなく味方。アマゾンは最大４００店の出店を計画し、顧客との実際の接点を持つことを重視し始めた」とコメントしており、大口の入居候補企業としてアマゾンと交渉していることをにおわせている。

日本でも、アマゾンのオフライン進出を思わせるおもしろい動きがあった。２０１７年10月に、アマゾンで買えるお酒を楽しむ「Amazon Bar」を期間限定で東京・銀座にオープンし、大きな話題になった。また続く12月には、「アマゾンホリデー ２０１７ ポップアップストア」を、丸井グループの協力のもと、期間限定テナントとしてオープンさせたのだ。「アマゾンサービスのリアル体験」と銘打ち、２０１７年12月8日から11日まで、サイバーマンデーセールを期間限定で開催した。

これらの企画は短期的な取り組みであり、まだ日本でアマゾンブックスのような常設型の店舗を開店したわけではない。しかし遠くない未来に、アマゾンが全米や日本のショッピングモールにおいて優良テナントと化しているかもしれない。そうなれば、従来のオフライン店舗で商品を購入していた顧客も、さらにアマゾンに取り込まれていくことになる。

90％近くを占めるオフライン市場を取り込む

アマゾンの軸足は、マトリクスの左上（選択も購入もオンライン）にあり、この象限で強い地位を築いている。現在のような巨大企業になる前も、リアル書店からスタートしたわけではない「生粋のオンライン企業」である。だからこそ圧倒的なオンラインの品揃えと物流倉庫を持ち、他社を凌ぐビジネスモデルをこの象限で作ってきた。

多くのＥＣ事業者はこの領域から出ることなく、強みを持つ象限で事業成長を目指すのが普通だ。しかしアマゾンは果敢に、そして戦略的に他の象限を取りにいっている。

オンラインVSオフラインという対抗軸だけであれば、オフラインでの小売・流通市場の規模がまだ圧倒的に大きい。米ベンチャーキャピタルのＫＰＣＢ（クライナー・パーキンス・コーフィールド・アンド・バイヤーズ）が年次で発行しているリポート「Internet Trends」によると、２０１６年の米国のＥＣ化率は11％、日本は７％前後と推測されている。つまり米国においても、小売流通市場の90％近くは、オフラインに存在している。これらのオフラインに存在する顧客、あるいはアマゾンの顧客であってもオフラインで行っていた買い物を取り込んでいかなければ、成長には自ずと限界が訪れる。

とは言え、小売において業態の違う領域に踏み出すことは、通常至難の業だ。それはアマゾンであっても同じことであり、オフライン店舗の運営ノウハウを持っていたわけではない。そこで強みとして持つオンラインでの「顧客とのつながり」を活かし、テクノロジーを活用してオフライン市場を切り拓こうとしている。それがアマゾンダッシュやアマゾンエコー、さらにはアマゾンゴーやアマゾンブックスというチャネルシフトの取り組みだ。

［選択オフライン×購入オフライン］だけは目指さない

最後に残された右下の［選択オフライン×購入オフライン］の象限は、アマゾンにとって興味のないところであろう。理由は簡単だ。右下の象限ほど、顧客とのつながりを築き、維持しにくい場所はないのだ。

この象限で最もイメージしやすい成功モデルは、『サザエさん』に登場する「三河屋」のサブちゃんである。磯野家には勝手口があり、三河屋の従業員サブちゃんは、そこをほぼ専有する勢いで日参する。お酒やビール、お醤油やみりんなどが切れる前に注文を取っていくわけだ。磯野家は、お酒や醤油を他店で買うことはない。そして（見る限りは）銘柄を指定することもない。サブちゃんが、すべて把握しているに違いない。

しかしこのような、磯野家とサブちゃんの強いつながりが、一朝一夕に築かれるとはとても思えない。フネ、サザエと代々のお付き合いがあって初めて成り立っているのである。丁寧な接客、お客様との会話、そのための人材育成など、この象限で勝つための要素を手に入れるのは難しい。アマゾンはそれを踏まえた上で、オンラインでの「顧客とのつながり」を武器にすることを選択し、これを活用できる象限へのチャネルシフトを進めていると言えるだろう。

ちなみにアマゾンの［選択オフライン×購入オフライン］象限への進出としては、２０１７年６月に発表されたホールフーズ（Whole Foods）の買収が思い浮かぶ。しかしアマゾンはホールフーズをこの象限に置いたままにはせず、他の象限にシフトさせる可能性がある。それについては、ＰＡＲＴ２で考えたいと思う。

アマゾンは、複数の象限を開拓しようとする《チャネルシフター》である。このようなチャネルシフトを起こそうとする企業は、アマゾンに限らず、各業界で登場している。従来のオフライン店舗に軸足を置く企業から見れば、オンラインにいたはずのプレイヤーが、これまでとは異なる戦い方でオフライン領域に進出してくるということになる。従来のオフライン店舗が提供できなかった購買体験が次々と生まれ、これによって顧客をオンラインへと奪われていく可能性がある。

次章からはいくつかの業界を取り上げ、前述のチャネルシフト・マトリクスを通して、そこに登場しているチャネルシフターを事例として見ていく。

フレームワークという共通した視点を持つと、自社が置かれている業界に当てはめやすくなる。あなたの業界に当てはめると、どのようなマトリクスが描けるか。誰が次のチャネルシフトを仕掛けてくるのか。ぜひご自身の業界を想定しながら、事例を見ていただきたいと思う。

PART

2

チャネルシフトの最前線

ここから取り上げる事例の中には、米国市場で展開する企業も登場する。それはチャネルシフトの先端事例の多くが、米国で生まれているからだ。筆者らも特に急速な変化が起こり始めたここ5年ほどの間、シリコンバレー、ニューヨーク、シカゴなどの都心部を中心に視察を続けてきた。そこで見たチャネルシフトを起こす企業事例は、あくまでも一例ではあるが、決して日本市場で適用できないものではなかった。これらの取り組みを知ることは、将来の日本市場での変化の兆しを捉えるために大いに役立つだろうと思う。

03 アパレル業界

最初の事例は、アパレル業界だ。アパレル業界は、近年急速にチャネルシフトを起こす企業が台頭している業界の1つである。

この業界の主要プレイヤーとして、ユニクロがいる。ユニクロの店舗オペレーションの素晴らしさは、言うまでもないことである。どの店舗に行っても、ユニクロの商品ラインアップとオペレーションが整った買い物環境が実現されている。ユニクロも、もちろんオンライン店舗を持っているが、基本的にはオフライン店舗に軸足を置く企業である。すなわちマトリクスで言えば、［選択オフライン×購入オフライン］の象限を基点とするプレイヤーだ。

一方で左上の［選択オンライン×購入オンライン］の象限に軸足を置くのは、例えばゾゾタウンを運営するスタートトゥデイなどの企業である。

アパレルは永らく、オンライン展開に向かない業界とされてきた。商品の色味や手触り、サイズなどが自分に合うかどうかは着てみないと分からないからだ。そこにはオフラインの店舗と比べて圧倒的な情報格差があるため、顧客側の買い物リスクが高まる。

この定説をくつがえしたのが、ゾゾタウンだった。ゾゾタウンは商品単体ではなくコーディネートの写真を豊富に掲示し、スタッフによる着用レビューも掲載するなど、顧客の買い物リスクを減らしている。スタートトゥデイは好調の要因を、「ブランドの世界観を尊重し、リアル店舗で購入する以上の顧客経験価値の提供にこだわったこと」と説明している。ゾゾタウンは2004年に展開を始め、2017年には年間取扱額が2000億円を突破した。この金額はアパレル大手の売上高に匹敵する。

ユニクロとゾゾタウンの対比だけなら、これまでも見られたチャネル間競争である。しかし米国での先進事例などを加えてみると、アパレル業界におけるチャネルシフトの最先端が見えてくる。

LE TOTE
ファッション業界のネットフリックス

アパレル業界で起こっているチャネルシフト①の潮流として、レンタル・アパレルの登場がある。その一例が、米レンタル・レディースアパレル企業のル・トート（LE TOTE）である。衣類やアクセサリーのレンタルサービスを、月額49ドルから提供している注目のスタートアップだ。自らを「ファッション業界のネットフリックス」と称し、ファッション・アイテムのオンデマンド化をビジネスコンセプトとしている。

ル・トートはオンラインに軸足を置き、単なるレンタル業ではなく、買い取りまでを視野に入れたモデルを築いている。顧客はまず、同社のウェブサイトで好きな服のデザインや使用シーン、自分のサイズ、洋服とアクセサリーの点数ごとに分かれたコースを登録して会員になる。この時点では、まだ商品の選択はできない。その後、自宅にコーディネートされた衣類とアクセサリーが宅配されてくる。顧客はその商品を期間無制限で使用でき、気に入った商品を最大50％オフで購入することができるという仕組みだ。

つまりル・トートは、あえてレンタルの形を取って商品を顧客のもとに送り込み、自宅というオフライン空間で商品を選択させているのだ。いままでオフライン店舗で洋服を選択・購入していた顧客からすれば、これは間違いなく新しい購買体験である。

この購買体験によって顧客とのつながりが創られ、強められていく。顧客のサイズや嗜好を知り、借りては返すというサイクルを繰り返すほど、顧客にフィットした商品を提案できるようになるからだ。ル・トートから見ても、結果的に買い取り率を上げていくことができる。

これは従来のアパレルビジネスが取ってきた、「大量に見込み発注・生産し、バーゲンで在庫処分する」という戦い方とは、大きく異なる。

ル・トートには、大量の見込み発注・生産や、売り切るために多額の販促費を投入するようなプロセスはない。お金を生まない大量の在庫を、値下げによって処分する必要もない。顧客とのつながりを強めることによって提案の精度を高め、買い取り率を上げるという、新しい戦い方を実現している。

LE TOTEのチャネルシフト

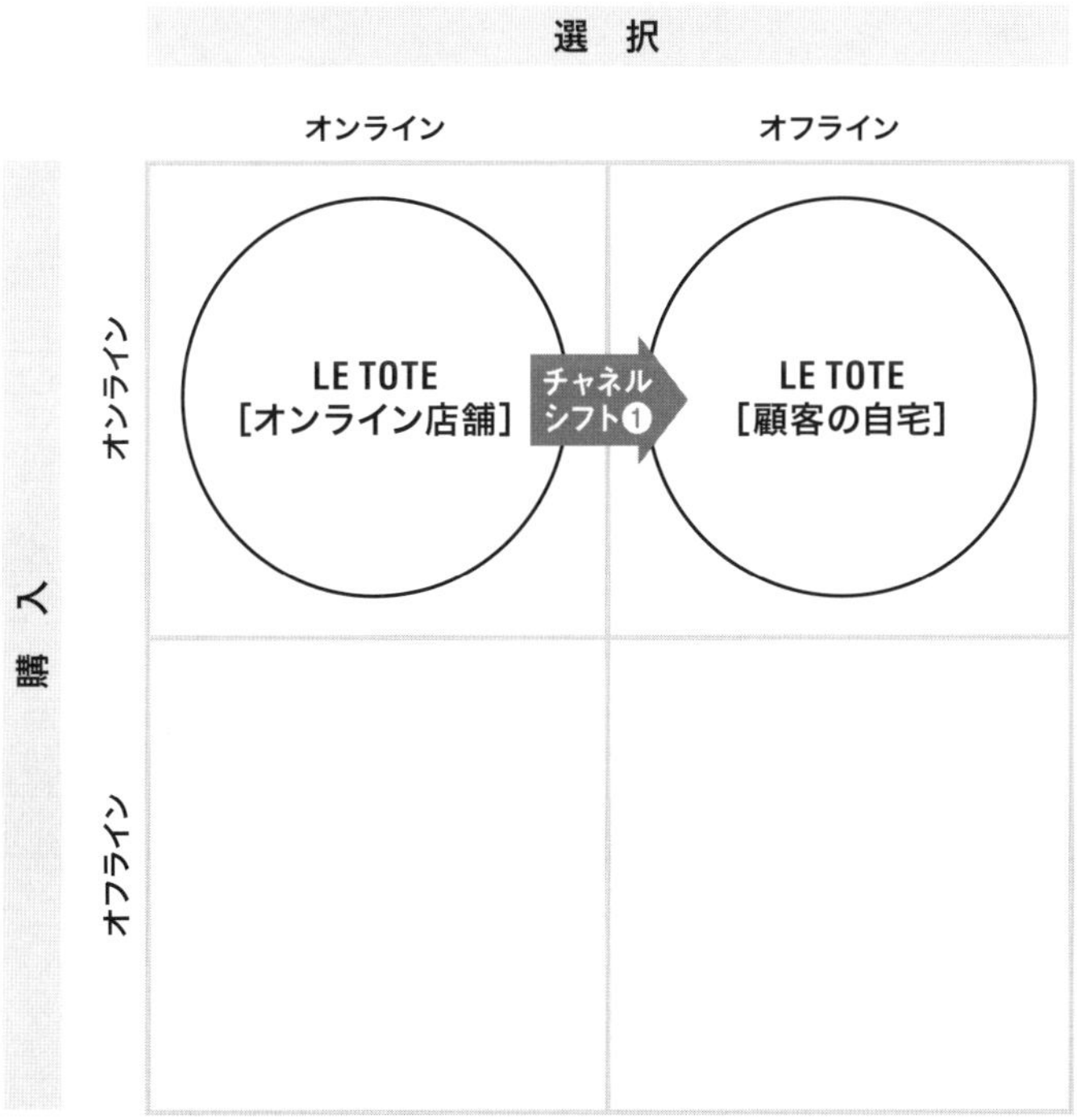

BONOBOS
店舗の機能を「購入」だけに限定

もう1つのチャネルシフト②の潮流は、機能を特化した店舗の登場である。2007年にシリコンバレーで創業した、EC専業のメンズ・アパレルブランド「ボノボス（BONOBOS）」は、その先駆的な存在だ。

ボノボスはオンライン店舗に軸足を置く業態だが、全米にオフライン店舗の展開を進めており、2020年には100店舗まで拡大する予定だという。この店舗は、「ガイドショップ」と呼ばれ、顧客がオンラインで選択した商品をフィッティングし、購入を完了するための店舗である。しかも購入した商品はその場で持ち帰ることはできず、数日後に自宅や滞在先にボノボスの倉庫から直接届くというものだ。

筆者らは実際にシカゴでボノボスでの買い物を体験してみたが、店自体は一般的なブランドショップとなんら変わらない。事前にオンラインで欲しい商品を選んでおき、店舗で商品をフィッティングする。サイズ感などを確かめて、店舗で購入を済ませたら、手ぶらで店を出る。つまりボノボスは、オンラインで商品ラインアップを見せて選択を促し、購入はオフライン店舗に誘導することを意図している。

ちなみに、彼らのブランドのシンボルはNinja（忍者）である。メールアドレスも、商品が届く際のボックスにも、スーツを着たNinjaのマークがあしらわれている。「なぜNinjaなのか？」と店員に尋ねたところ、「スピーディーにサッと商品が届くから」という答えだった。来店してからのメールでのこまめなコンタクトから宅配まで確かにスピーディーで、ボノボスがオンラインを基点とする企業として、確かなオペレーションシステムを持っていることを感じさせるものだった。

このオンラインとオフラインを組み合わせることによって、従来のアパレル店舗にはない購買体験を実現している。

ボノボスの場合は、顧客が来店前に欲しい商品を選んでいる場合が多いので、来店のたびに好みではない商品をゼロから薦められることがなくなる。ボノボスから見ても、店員が顧客のオンラインでの閲覧履歴や購入履歴を見て対応すれば、オフライン店舗での購入率は上がるだろう。また顧客は商品を持ち帰らないので、販売した商品を梱包する作業もない。店舗スタッフは、顧客により良いブランド体験を提供することに全力を注げることになる。

[BONOBOSの店舗と届けられたパッケージ]
筆者撮影

BONOBOSのチャネルシフト

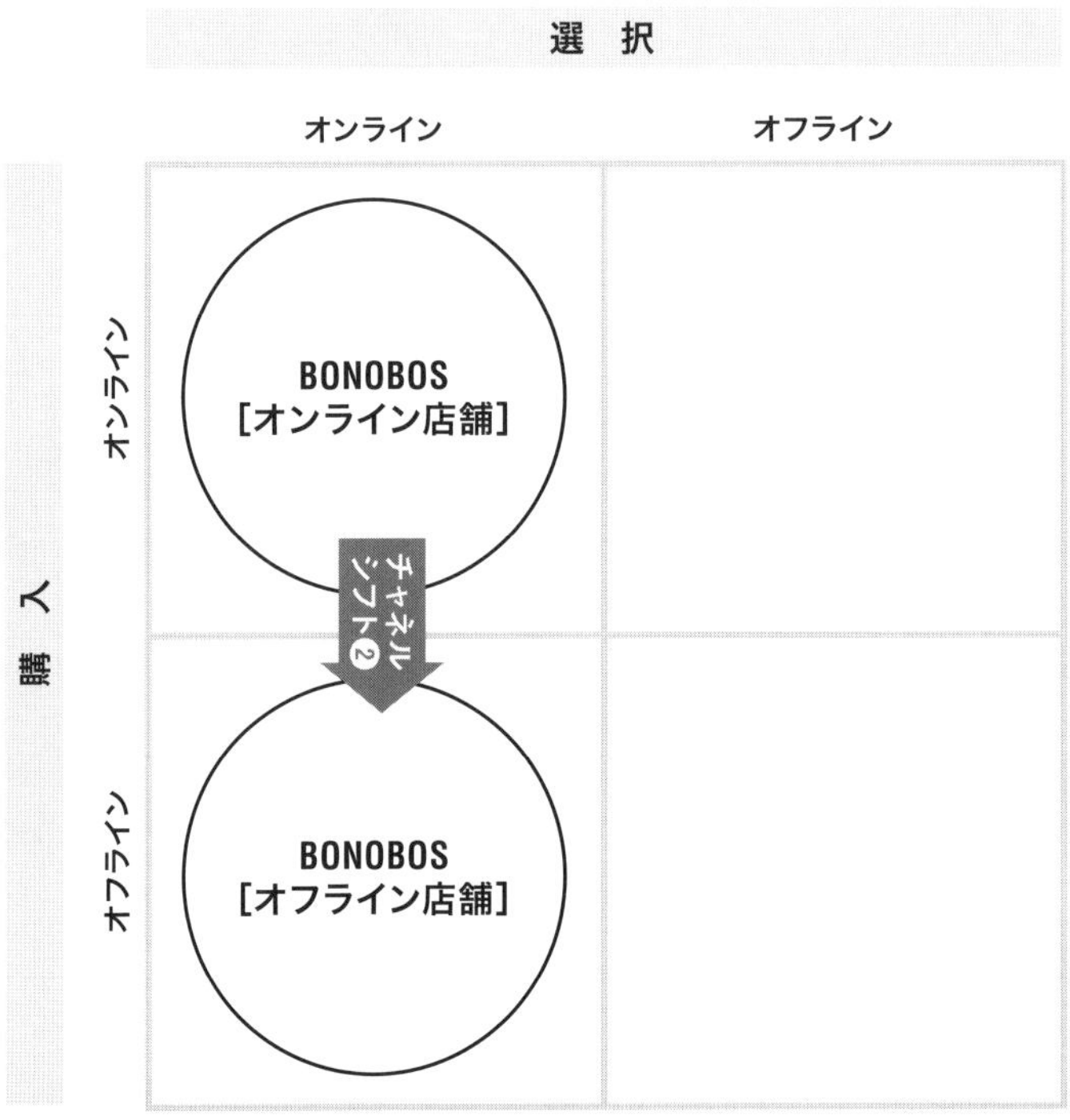

また、「店舗スペースの効率化」も実現している。従来のアパレル店舗では、ある程度の余剰を見込み、店頭には相当量の在庫を持っている。しかしボノボスは店頭在庫が少なくて済むため、店舗のすべてのスペースを、顧客の体験のための空間として使い切ることができる。結果的に好立地の店舗でも、在庫のための保管スペースにかかるコストをおさえることができる。さらに決済は店員の端末から行われるため、現金のやりとりがない。レジスペースも、レジ締め業務もない、スタッフにとっても効率的な店舗、というわけだ。

日本では、オーダースーツブランド「ディファレンス（DIFFERENCE）」が、アプリによって来店時間と顧客の要望を事前に把握するスタイルの店舗を展開し、この象限に参入している（PART４参照）。来店時の対応品質を高めると同時に、初回購入時に取ったサイズデータをもとに、次回以降は顧客自身がオンライン店舗で容易にオーダーできるようになる。オンライン・オフラインの双方を使って、高い品質の顧客対応と、効率的な店舗運用を両立させている。

なおボノボスは、ウォルマート（Walmart）によって２０１７年に買収されている。ウォルマートが手に入れたいのは、ボノボスが実践するチャネルシフトによる顧客とのつながりの作り方と、それによる他社とは異なる独自の店舗、さらには販促・価格・商品への活用ノウハウだろう。これらは他のオフライン店舗の変革にも応用できる。オフラインの代表企業とも言えるウォルマートによるボノボス買収は、チャネルシフトが他業界でも加速していくことを示唆しているように思えるのだ。

ZOZOSUIT
自宅で簡単にサイズ測定

日本のアパレル業界でも、オンラインを基点とする企業による、チャネルシフトへの新しい動きがあった。スタートトゥデイが2017年11月に無料配布を発表した、採寸用ボディスーツ「ゾゾスーツ（ZOZOSUIT）」だ。

ゾゾスーツは、全身にぴったりフィットする伸縮性のある素材でできていて、そこにセンサーを内蔵しているという。スマートフォンとブルートゥース接続して着用すると、採寸データを瞬時に計測できる。これを使えば、洋服のサイズを選ぶために必要な詳細な採寸が、自宅に居ながらにして済んでしまう。スタートトゥデイが出資するニュージーランドのソフトセンサー開発企業、ストレッチ・センス（Stretch Sense）と共同開発したものだ。

オンライン店舗で衣類を選択するときのハードルは、試着ができないことだった。それはオフライン店舗との決定的な違いである。ゾゾタウンは不利と言われたその常識を、大きくくつがえしてきた。そして今度は、顧客による採寸を容易にし、オフライン店舗以上のサイズデータを把握しようとしている。そしてそのことが、ゾゾタウンと顧客とのつながりをさらに強力にするだろう。これによってオンライン店舗で購入した際に、サイズが合わないといったことがなくなり、返品数が減らせると見込まれている。

しかしゾゾスーツの狙いは、返品数の減少といったようなオペレーションの効率化にとどまらないだろう。その目的はまさに、ル・トートが進出している象限への参入であり、オフラインからの顧客の争奪にあるはずだ。このスーツだけでは商品の選択はできないが、顧客の詳細なサイズデータと、サイトでの選択履歴・購入履歴などを活用すれば、レンタルといった新しい課金方法や、ゾゾタウンでの展開を発表したプライベートブランドなどの商品提案も可能になっていくだろう。

アパレル業界は、着てみたり触ってみたりしないと納得できないという商品の特性上、オフライン市場がまだまだ大きい。多くの代表企業がオンラインでの展開を本格化しないのは、現状だけを見れば合理的な判断といえるかもしれない。永年培ってきた店舗運営のノウハウを考えれば、仮にオンラインのブランドが突然オフラインに進出してきたとしても、負ける気がしないだろう。

しかしル・トートやボノボス、ゾゾタウンの事例から考えられるのは、オンラインを基点とする企業は、ただ単に従来と同じようなオフライン店舗を出すような戦い方は、おそらくしないだろうということだ。オフラインでの店舗運営の難しさを知っているからこそ、オンラインで培ってきた顧客とのつながりを武器にして、新しい購買体験を持ち込んでくるだろう。そしてそれによって、さらなる顧客とのつながりを獲得し、オンラインへと顧客を引き込んでいくのだ。

オフラインでの体験が重要だと考えられている業界は、アパレル以外にも数多く存在する。むしろそういった業界でこそ斬新なチャネルシフトが生まれ得ることを、アパレル業界での事例は示している。

04 インテリア業界

2つ目の事例は、インテリア業界である。インテリア業界もまた、アパレル業界と同様に、オンラインでの展開が難しいと考えられる特性を持っている。家具などは実際に店舗に行って見ないと色味や質感がわからないし、何よりも買ってみたら部屋のサイズに合わなかったというリスクがある。しかしやはりこの業界でも、チャネルシフトが起きている。

アパレル業界で紹介した事例との違いは、ル・トートやボノボスがオンラインを出自とする企業であったのに対して、ここで紹介する企業は、オフラインを出自とする企業であることだ。

しかしいずれも、オンラインを基点とする、新しい戦い方を築いている。

ニトリ手ぶらdeショッピング

店舗をショールーム化する

まずインテリア業界で起こっているチャネルシフト①の潮流は、店舗のショールーム化である。オフライン店舗で商品を確かめて、ネット通販で買うことを「ショールーミング」と呼ぶ。通常ショールーミングというと、企業にとってはネガティブな意味で用いられる場合が多い。例えば顧客が家電量販店に商品や値段だけを見に来て、Amazon.comでより安く買うといったような行動を指すからだ。

しかし、顧客が自社のオフライン店舗で商品を確かめ、自社のオンライン店舗で買ってくれるなら、悪い話ではない。それが自然発生的に起きるのを待つのではなく、意図的に狙っているのがニトリの「手ぶらdeショッピング」である。

ニトリは郊外を中心に出店しているが、いま都心エリアへの出店を進めている。2017年に入って、東京の池袋、目黒、渋谷での営業を開始した。郊外店と都心店の大きな違いは、来店客の交通手段である。郊外店は大型の駐車場を備え、顧客は車で来店する。そのため、ある程度大きな家具や収納などをまとめ買いをしても、車に積んで帰ることができる。しかし都心店の場合は、そうはいかない。店舗面積の制約もあり大型駐車場を備えることは難しいし、交通も便利なので電車などで来店する顧客が多くなる。その結果、顧客の購入点数が少なくなってしまう。

そこでニトリが打ち出した取り組みが、「手ぶらdeショッピング」だ。ニトリ公式スマートフォンアプリに追加された新機能である。顧客はこのアプリを立ち上げて店内をめぐる。気に入った商品があれば、商品に掲げられているバーコードを読み込んでいき、そのままネットショップで購入するという仕組みだ。もちろんレジで商品を登録したアプリを見せて、その商品を受け取ることもできる。

ニトリの取り組みは、顧客がオンラインとオフラインを行ったり来たりすることを前提に、自社のチャネルを組み合わせてフィットさせている。店舗は選択のためのショールームでもよいと割り切り、実際の購入をそのままオンライン店舗で行えるようにしているのだ。

ニトリは、「企業は逆にそういった消費行動をしやすい環境を提供していくべきだろう」と、その取り組みを説明している。この仕組みを利用する顧客は、オフライン店舗にいながらにして、オンライン店舗で買い物をしていることになる。まさにオンラインとオフラインを、顧客の買い物行動を軸に、シームレスにつなぐ取り組みである。

ニトリは、マトリクスで言えば右下の象限、「選択オフライン×購入オフライン」に軸足を置いていた企業である。しかしオンライン店舗の展開を進めることによって、顧客との直接的なつながりを築いている。これによって「個客の特定」を可能にし、右上の象限へのチャネルシフトを起こしている。

この戦い方によるメリットは、店舗での梱包や発送の手間の軽減といった店舗オペレーションの効率化にとどまらない。この購買体験は顧客との間に強いつながりを創り出している。顧客が手ぶらdeショッピングを利用するためには、ニトリの専用アプリを入手しアカウントを設定する必要がある。ニトリは以降このアプリを使って、顧客に販促・価格オファーなどの提示を仕掛けていくことも可能になる。

また、従来のオフライン店舗での買い物をオンライン店舗に引き込めば、「何が売れたのか」だけではなく、「誰が何を選んで買ったのか」がわかるようになる。顧客の属性に基づいて、より最適化した製品を製造、あるいは仕入れていくことができる。インテリア業界が扱う家具類は、在庫に大きなスペースを要するため、在庫リスクの低減につながるとしたら大きなメリットだ。

ニトリの取り組みはまだ一部の店舗にとどまるが、ECサイトと都心出店との相乗効果がすでに報じられている。ECサイトは順調に成長しており、その購入客の50％は都心部の顧客だという。また「将来的には、データを元に個別のお客様に対するマーケティングまで視野に入れている」（白井社長）としている。ショールーム化した好立地のオフライン店舗を拡大していくことで、さらに多くの顧客とのつながりを創り出していく可能性がある。

ニトリのチャネルシフト

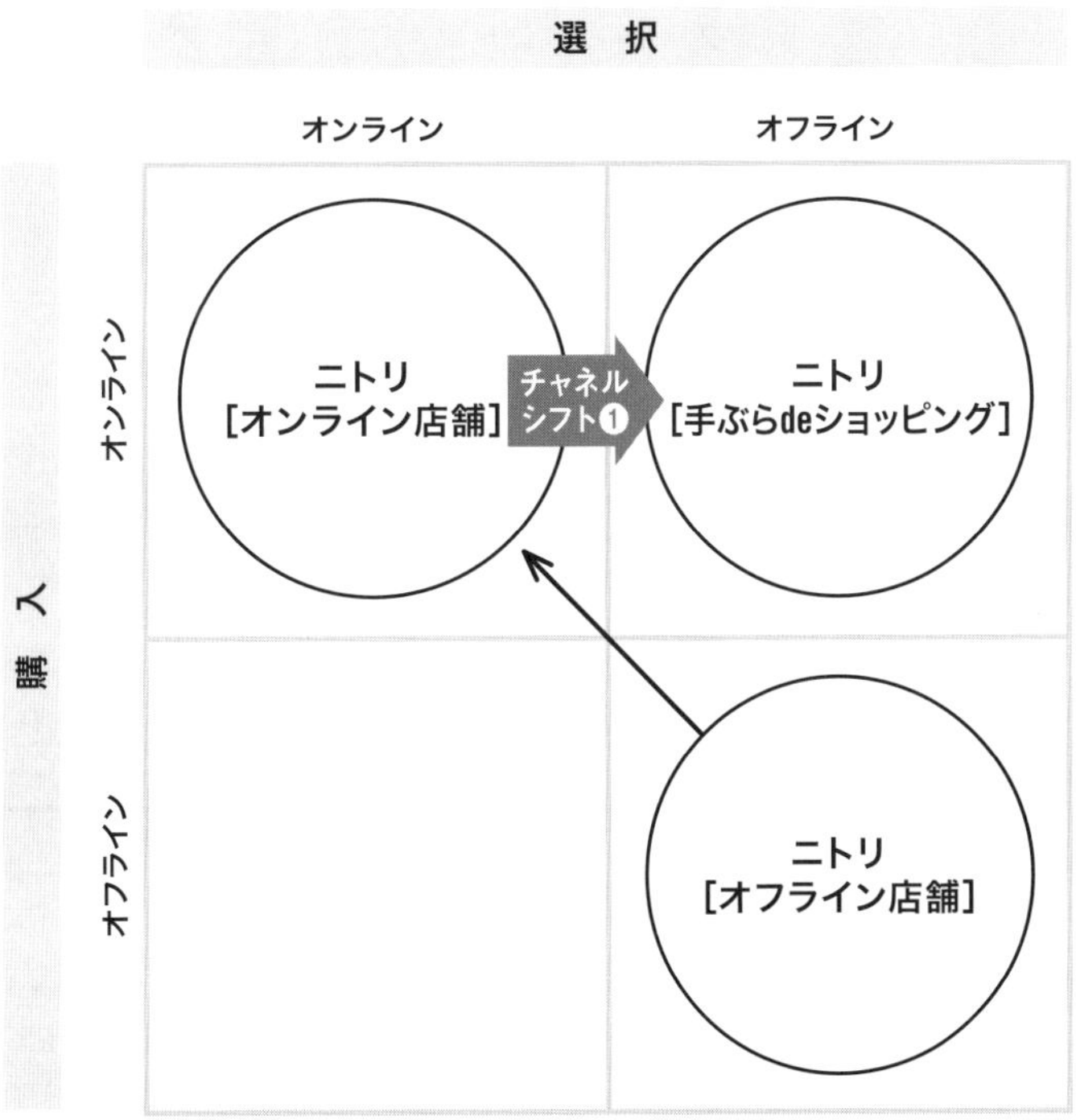

IKEA Place
自宅をショールーム化する

もう1つのチャネルシフト②は、事前にオンラインで商品を選択させ、オフライン店舗に誘導して購入をさせる取り組みである。イケア（IKEA）はニトリとは逆に、店舗ではなく「顧客の自宅をショールーム化」するアプリ、「イケアプレイス（IKEA Place）」を開発している。

家具を買う際に、本当に自分の部屋に似合うだろうか、サイズはどんな感じだろうか、というのは誰しも気になるところである。イケアプレイスはイケアがアップルの開発者用ツールキットを使って製作した、ＡＲ（拡張現実）アプリだ。ここにはソファやテーブル、収納ケースなど、イケアの約２０００点にも及ぶ商品が登録されている。イケアプレイスを立ち上げて部屋をスキャンし、買いたい椅子やソファなどを選べば、画面上の自分の部屋に家具が配置された状態で見えるという仕組みだ。

部屋にあらわれた家具を、さまざまな角度から見られるほか、サイズもかなり正確に出るので、置きたいスペースに家具が収まるのかを事前に見ることができる。

気に入った家具は、イケアのオンライン店舗で購入することも可能だが、実際にイケアの店舗に行って家具を確かめ、安心して購入することができるというわけだ。

チャネルシフトのプラットフォーマー

日本では、このようなARを用いたチャネルシフトを支援するプラットフォーマーも、すでに頭角を現している。ウェブによる3Dシミュレーター機能を家具販売店に提供する、「リビングスタイル」である。

リビングスタイルは、無印良品、フランフラン、カリモク家具など20以上のブランドの約30万点に及ぶインテリアを3Dデータ化し、イケアのARアプリと同じ機能をもつ「RoomCo AR(ルムコエーアール)」というシステムも提供している。スマートフォンの画面に映し出された自宅空間に、家具の3Dデータを仮想的に実寸で配置できる。タップ操作で家具の向きや色も変えられるので、お目当ての家具が自分の部屋にマッチするかどうかを、スマートフォンの画面上で事前に確認することができる。またもちろん、そのままオンライン店舗に入ることも可能だ。

家具販売店の多くは、カタログ用の写真は撮影しても、3D化を前提とした写真を持つ企業は少ない。リビングスタイルは各社の商品を1点1点、あらゆる角度から撮影し、フィリピンの協力会社を通じて3D化している。井上俊宏社長によると、「導入企業の1社は全売上高のうち10%が3D経由になり、その顧客数は約5000人に上った」という。さらに、「消費者は

IKEAのチャネルシフト

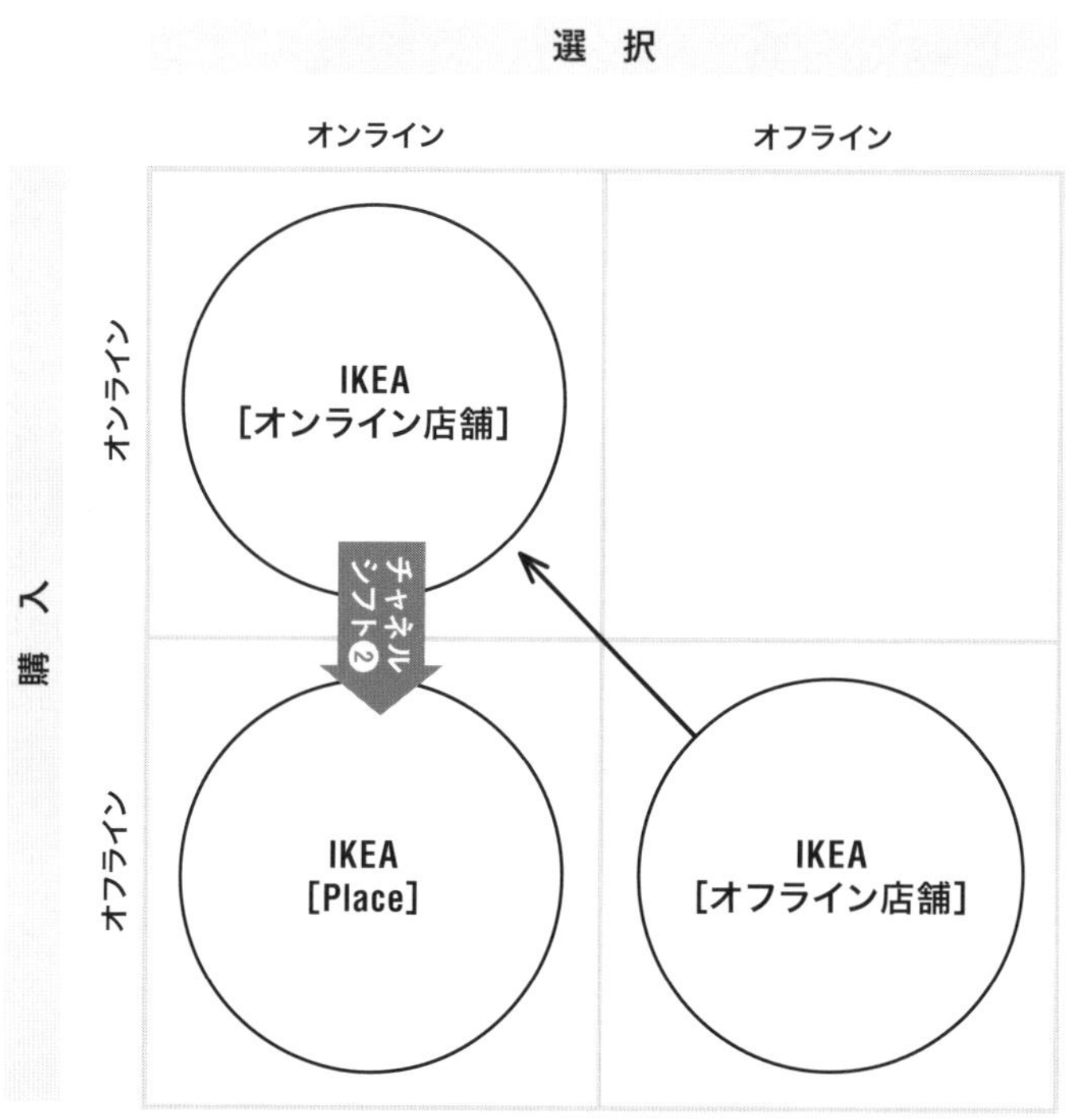

家具購入までに店舗と自宅を何度か往復し、部屋のサイズや床・壁の色・手持ちの家具の色との調和などを確認する。これらを3Dシミュレーターに落とし込むと、店舗と自宅を往復する手間が不要になるので、購入につながりやすい」とその価値を強調している。

またリビングスタイルは、2016年に三井不動産のコーポレートベンチャーキャピタル(CVC)、アコード・ベンチャーズ、電通デジタル・ホールディングス(現・電通イノベーションパートナーズ)の3社を引受先とした、第三者割当増資を実施した。これにより、RoomCo ARのさらなる開発強化を発表している。

彼らの強みは、1社だけのための専用システムではないということだ。このような技術を有する企業が、複数の企業に横断的にシステムを提供す

[RoomCo] リビングスタイル提供

ることにより、リビングスタイルに知見が蓄積され、各社のシステム導入費用が下がり、インテリア業界全体のチャネルシフトを加速させていく可能性がある。

インテリア商品もアパレルと同様に、実際に店舗で見て納得したものを買いたいと感じるカテゴリーだ。しかしその一方で、持ち帰りの大変さや、買ってみたらサイズが合わないといった場合のリスクが大きい。ニトリやイケアは、オンラインとオフラインのチャネルを柔軟に組み合わせ、これらの不満を解消している。

またニトリとイケアの事例からは、オフライン企業がチャネルシフトを起こす際の条件も見える。それは、左上の象限［選択オンライン×購入オンライン］に、まず何らかのチャネルを構築する必要があるということだ。その上でオンラインとオフラインを柔軟に組み合わせ、新しい購買体験を提示することにより、さらなる顧客とのつながりを手に入れているのである。

オンラインでのチャネルを持つことによって、オフライン店舗の活性化を図れる可能性を、インテリア業界の事例は示している。

05 食品業界

次に取り上げる業界は、食品だ。食品業界は、国内でも早くからセブン＆アイをはじめとした大手が、主力のオフライン店舗とオンライン店舗を融合させる取り組みを先導してきた。

筆者・奥谷は、現在は生鮮食品をＥＣで届けるオイシックスドット大地で、チーフ・オムニチャネル・オフィサーを務めている。食品は、生活の根幹を支える商品である。アパレルやインテリア以上に、オフライン店舗での納得感が重要なカテゴリーと言える。しかしだからこそ筆者らは、次のチャネルシフトの大波は、食品業界で起きると考えている。

実際に米国を見れば、例によってアマゾンが、食品業界でのチャネルシフトに向けて大きく動き始めている。食品業界に関しては、すでに起こった事例ではなく、「これからどのようなチャネルシフトが起こるのか」を、アマゾンを題材に考えてみたい。

Amazon Fresh

顧客のライフスタイルを把握する

アマゾンは、「アマゾンフレッシュ（Amazon Fresh）」という食品に特化したECを2007年から展開しており、2017年4月からは日本の一部地域でもサービスを開始している。既存のアマゾンの食品版といえるもので、注文した食品がアマゾンの宅配サービスによって自宅に届けられるというものだ。象限で言えば［選択オンライン×購入オンライン］、つまり食品業界における典型的なオンライン・プレイヤーであり、セブン＆アイなどによるオンライン店舗と位置付けとしては同じである。

そもそも生鮮食品は本などと違い、在庫管理が難しい。倉庫で長期間保管したら腐ってしまうし、配送にも特別な車両などが必要になる。宅配先が不在であった場合など、傷みやすい商品だからこそ再配達リスクも高い。

それでもアマゾンがこのカテゴリーに進出する最大の理由は、食品を通した顧客のライフスタイル把握にある。

食品は生活において、最も接触頻度が高い商材である。1日3食と考えれば、人間は1カ月当たりおよそ100回、1年間では1000回以上も食事をする。個人による程度の差はあれ、アパレルのようにその頻度が極端に違うといったこともない。

どんな食材を選び、どう料理し、どのように食べているか。生きている限り日々繰り返されるこの買い物行動には、顧客の生活そのものが反映されることになる。顧客のライフスタイルを知りさえすれば、圧倒的に多様な商品カテゴリーを持つアマゾンから見れば、マネタイズの機会はいくらでも作れる。

さらに2017年6月にアマゾンは、高級食品スーパー大手の米ホールフーズを、137億ドルで買収すると発表した。直後に商品価格を引き下げるなど、次への動きが報じられている。

ホールフーズは、米国・カナダ・英国で約470店舗を展開する、伝統的な食品スーパーである。マトリクスで言えば、右下の［選択オフライン×購入オフライン］の象限に位置する「オフラインに軸足を置く企業」である。アマゾンが食品業界に進出する意図は明確だとしても、なぜアマゾンフレッシュの対極にあるように見えるこのオフライン企業を手に入れたのか。以下でチャネルシフト・マトリクスを使って考えてみよう。

Whole Foods with instacart
Amazonが買収した理由

アマゾンがホールフーズを買収した背景の1つには、ホールフーズが実はすでにオンラインに進出していたことがあるだろう。同社は2012年創業したスタートアップ企業「インスタカート（instacart）」と提携し、オンライン展開を進めてきた。

インスタカートは、顧客の代わりに提携スーパーマーケットに配置したスタッフが買い物をしてくれるサービスだ。創業者であるアプーヴァ・メータ氏は、米アマゾンの元社員である。ホールフーズを含めて100以上の街で小売業と提携し（2017年5月現在）、この買い物代行・宅配ビジネスを展開している。

インスタカートを通したホールフーズでの買い物体験は、非常にシンプルだ。顧客はインスタカートのECサイトにアクセスし、購入したい商品を取り揃えているスーパーや店舗を選択し、ネットストア同様に買い物をする。在庫がない場合には、代替商品の提案が表示される。決済は事前に登録しておいたクレジットカードで行うので、選択から購入までのすべてがオンラインで完了する。注文内容は、各店舗に常駐しているインスタカートのスタッフ（shopperと呼ばれている）の端末に表示される。スタッフはこれに沿って店内を回遊して商品をピックアップし、袋詰めしておくという段取りだ。

商品の受け取り方法は、2種類ある。外出時や帰宅途中に店舗に寄れるのであれば、ピックアップを選択すればよい。店の入り口近くにインスタカートのラックや冷蔵ボックスを備えたピックアップ・コーナーがあるので、そこで決済コードを見せて荷物を受け取るだけだ。自宅で受け取りたい場合には、配達を依頼することもできる。混み合う時間帯によって料金は変動するが、インスタカートのスタッフが注文した品を自宅まで届けてくれる。

ホールフーズはこのサービスのインフラである、ＥＣシステム・購入スタッフ・配達スタッフを、インスタカートとの提携によって調達している。店舗出荷型ＥＣシステムを自前で構築するのではなく、インスタカートと組むことによって、投資リスクを低減しているのだ。

一方でインスタカートは、ホールフーズを

[Whole Foodsの店舗と店頭に設置された、instacartのピックアップ・コーナー] 筆者撮影

含めた複数の提携先にシステムを提供することにより、開発コストや運用コストの負担を下げ、大規模な投資を早期に回収することができる。さらに購入スタッフや配達スタッフといった労働力は、シェアリングエコノミーを活用して調達しており、固定費を下げる経営体制を取っている。メータ氏は、自社のことを「買い物客と小売業者にソフトウエアを提供するシステム会社」だと表現している。

つまり最も伝統的な「選択オフライン×購入オフライン」のプレイヤーであったはずのホールフーズは、インスタカートという企業と組むことによって、左上の「選択オンライン×購入オンライン」の象限への進出を果たしていたのだ。

アマゾンによるホールフーズ買収の動きを受け、インスタカートにはアルバートソンズ（Albertsons）といった大型スーパーからの提携オファーが入っている。すでに全米トップ5のスーパーとの提携を発表しており、アマゾンによるオフライン企業の買収が、業界の既存プレイヤーによるオンライン展開に火をつけた格好だ。

Whole Foodsのチャネルシフト ①

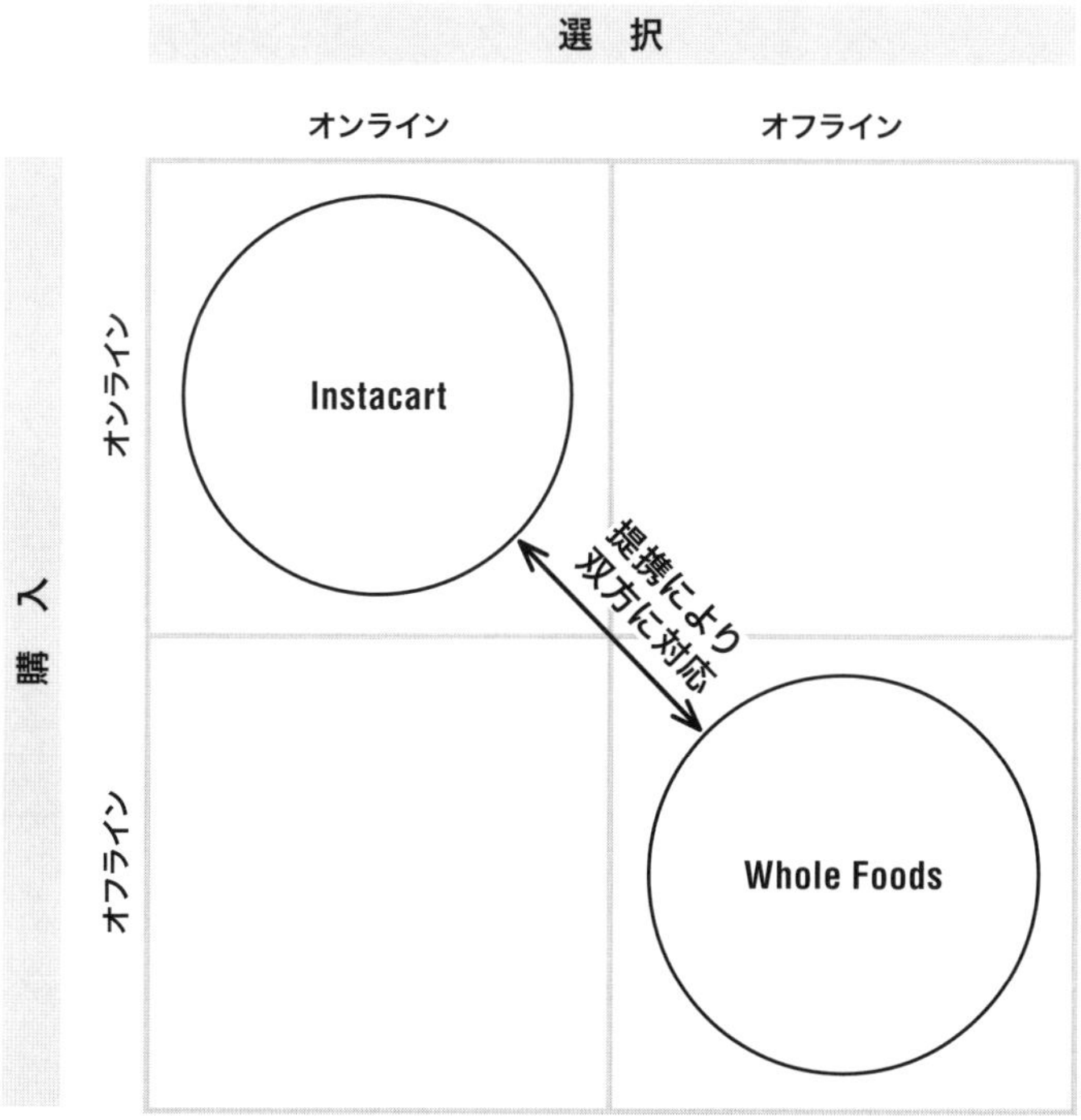

Whole Foods powered by Amazon
2つの可能性

アマゾンは当然ながら、買収したホールフーズと、オンラインを軸足に置く自社ビジネスとの相乗効果を狙ってくる。ホールフーズがインスタカートと提携してオンライン・ビジネスを展開していたということは、彼らがそのための要件をすでに持っていたことを意味する。

第1は、「店頭在庫情報の可視化」である。これはオンラインとオフラインの双方で対応することを考えれば、不可欠な要件だ。インスタカートのECを通してオンラインで顧客が選択した商品が、実際にオフラインのホールフーズの店頭になければピックアップに対応できない。つまりインスタカートとの提携によってではあるが、商品情報をオンラインとオフラインの双方でシームレスに管理する体制を、ホールフーズはすでに持っていたことになる。

第2は、モバイルを活用した事前決済に対応しているという点である。これがなければ、顧客が店舗に行かずして、商品の選択・購入までを完了することはできない。

第3は、ホールフーズの顧客が、「来店前オーダー&店舗ピックアップ」というネットとリアルを融合させた買い物体験に慣れている、という点である。都市部の消費者は、自ら来店して商品を受け取ることをさほど苦にしない。毎日の通勤、通学などで公共交通機関を活用する人が大半で、駅の近くの店舗で商品を受け取れるからだ。ホールフーズの顧客は、その買い物体験の価値を知り、慣れている。この顧客層の存在は、買収後のビジネスを考えれば価値が大きいだろう。

Whole Foodsのチャネルシフト ②

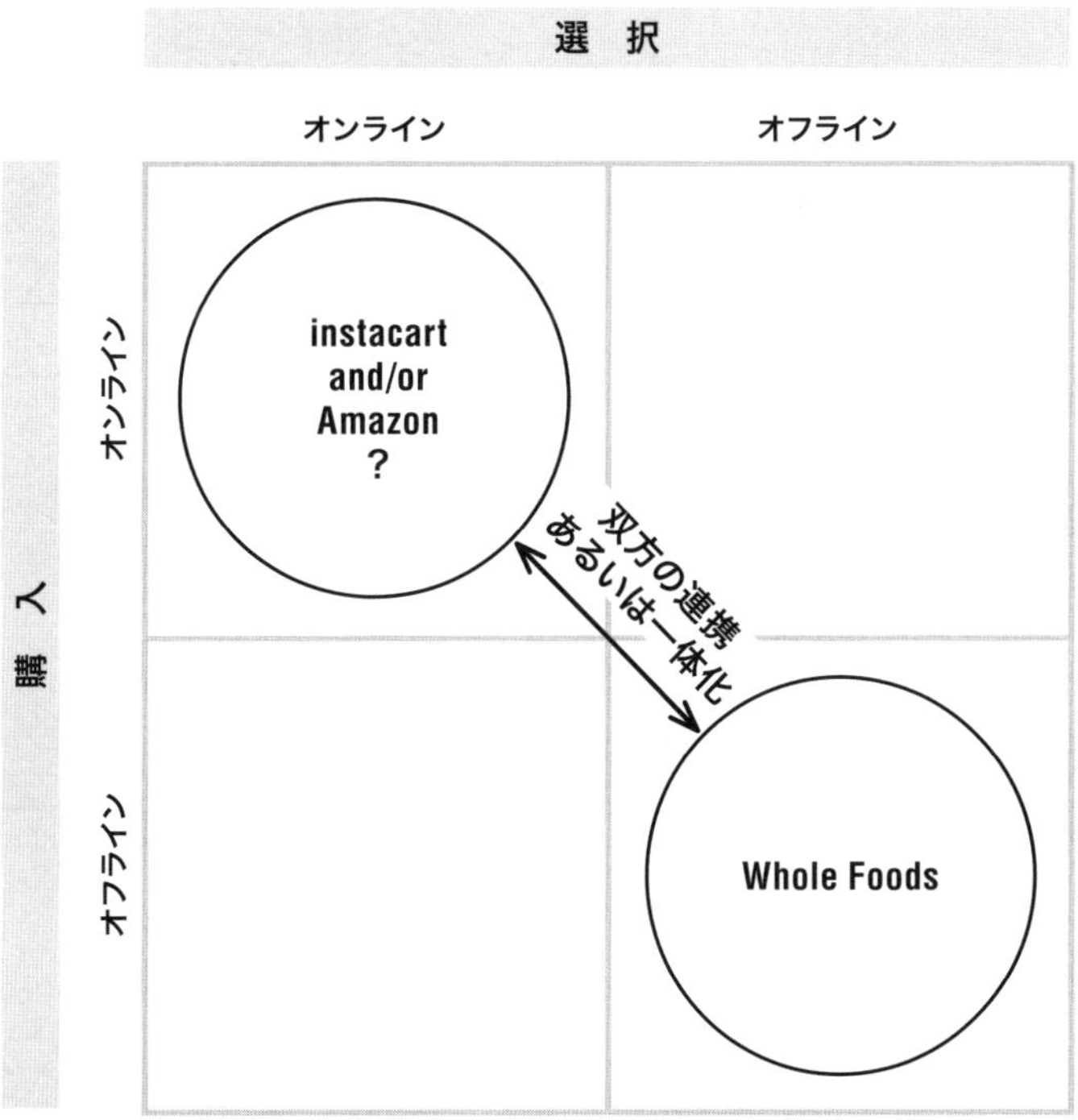

一見すると当然のように見えるこれら3つの要件は、オンライン企業であるアマゾンから見れば買収において大きな価値があったと考えられる。インスタカートとの提携によってホールフーズが培ったこれらの資産は、「そのままアマゾンとの連携に活用が可能」だからである。

アマゾンがホールフーズとインスタカートとの提携を今後どうしていくかは、当然ながら筆者らには断定できないし、ここに示すことは思考実験に過ぎない。インスタカートとの契約は継続する一方で、アマゾンフレッシュというブランドでのビジネスは縮小していくという報道もある。しかしアマゾンの食品事業が、ホールフーズを活用することによって、いくつかの問題が解決できる可能性があることは確かだ。

「物流拠点」としての活用

その1つは、物流拠点という問題の解決である。生鮮食品は短期間で腐ってしまうため、物流倉庫で在庫を抱えることは大きなリスクだ。しかし物流倉庫ではなく店舗で在庫を管理すれば、鮮度管理を行いながらその場で販売することもできる。ホールフーズが持つ約470もの店舗網は、そのまま顧客の生活圏の近くに分散して配置された「物流拠点ネットワーク」でもある。オンラインに軸足を置くアマゾンにとっては、倉庫も店舗も、物流拠点としてみれば同じことだ。

もともとホールフーズ買収の発表より前に、アマゾンはドライブスルー専用の「Amazon Fresh Pickup」という実験店舗を展開することが報じられていた。この実験店舗は、顧客が自ら買い物をするスペースはなく、３００坪弱の倉庫に受け渡し専用の駐車スペースが付いているものだ。オンラインで注文してから最短15分程度で受け取りが可能で、専用スタッフが注文した商品を駐車スペースまで持ってきてくれる。顧客は車を降りることなく、買い物が完了するという仕組みだ。つまり倉庫と店舗を同一視する、「Click & Collect」と呼ばれるショッピング・スタイルを、以前から標榜していた。ホールフーズの店舗を倉庫として見立てる発想を持つことはアマゾンにとって当然だろう。

「ブランドの信頼」を手に入れる

もう1つは、ブランドへの信頼という問題の解決である。アマゾンフレッシュは、従来のアマゾンの宅配モデルを食品に応用したものだが、苦戦が報じられてきた事業でもある。食品は、顧客による知覚品質が大きく影響する商材である。アマゾンがいかに便利でも、顧客が永年にわたり店頭に足を運んで鮮度を実感してきたホールフーズと同じような信頼は、そう簡単には手に入らない。だからこそ、これを買収して自社ブランドとして活用できれば、ブランドへの信頼性という問題は一気に解決するという側面もある。

顧客に短時間でアクセスできる地域に最適配置された物流拠点、そして築かれてきた顧客からの信頼。これらに加えて食品独自の店舗での鮮度管理ノウハウや仕入れルートがまとめて手に入るとなれば、食品への展開を加速したいアマゾンにとって大きな魅力だろう。

「アマゾンゴー型」へのシフト

では、アマゾンは、これからホールフーズをさらにどのように変貌させていくのだろうか。いずれにせよ、アマゾンは手に入れたホールフーズが持つオフライン店舗網を使って、ネットとリアルを融合させた「新しい購買体験」を生み出し、顧客とのさらなるつながりを創り出していくだろう。では、それはどんな購買体験なのだろうか。思考実験として、チャネルシフト・マトリクスを使って考えてみたい。

まずホールフーズでの買い物にアマゾンのIDとアマゾンのアカウントでの決済手段を差し

Whole Foodsのチャネルシフト ③

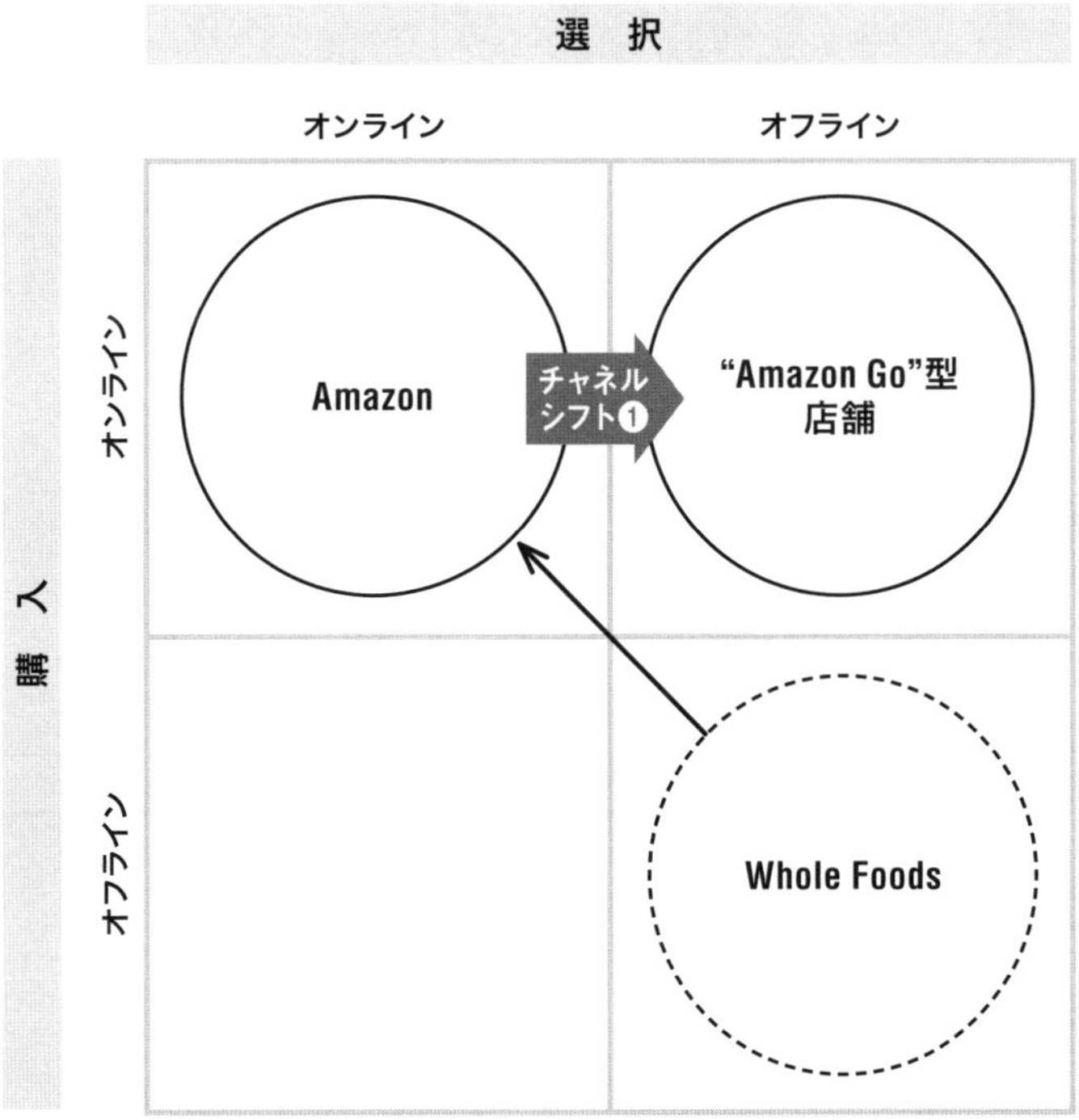

込み、チャネルシフト①、すなわち［選択オフライン×購入オンライン］へと進出するとしたらどうだろうか。つまり、「アマゾンゴー型」店舗へのシフトだ。

この店舗での購買体験を、想像してみよう。顧客は店頭でアマゾンアプリを立ち上げ、食材などの商品をカートに入れていく。ピックアップしたらそのまま店を出るだけ。退出と同時にオンラインで決済されているので、レジでの支払いは不要だ。

あるいは商品をピックアップする代わりに、アプリでコードを読み込んでいくことで商品を選択し、あとで自宅に届けてもらうというスタイルも可能だろう。高齢者や子どもを連れた顧客にとって、店内で背伸びをしたり屈んだりして商品を棚から持ち上げ、重たいカートを押してレジに行き、袋に詰めて持ち帰るというのは重労働だ。その一方で、食品は品質や鮮度を自分の目で確かめて買いたいというニーズも強い。これはオンラインで顧客とのつながりを持たない他の店舗にはできない、新しい購買体験になりそうである。

このような店舗は、すでに実際に存在する。アリババ（阿里巴巴）が出資する中国の食品スーパー、へマーセンシェン（盒馬鮮生）だ。へマーセンシェンのオフライン店舗を訪れた顧客は、スマートフォン向けに提供されているアプリを立ち上げ、店頭で商品の値札をスキャンしていく。スマートフォンのＧＰＳ（全地球測位システム）を活用し、顧客がいる店舗を特定して、その在庫が表示されるようになっている。支払いは、アリババが提供する電子マネーの

「アリペイ（支付宝）」で完了する。これによってヘマーセンシェンは、顧客と購入データを紐付けて把握できる。購入した商品は、そのまま店頭で受け取ることもできるが、宅配も選択可能だ。しかも店舗から5キロメートルまでなら30分以内に届ける、というサービスを展開している。

アマゾンがこのような購買体験ができる店舗にホールフーズを変えていったとしても、何ら不思議はない。

この購買体験によって、ホールフーズは顧客とのさらに強いつながりを築くことになる。これまで来店はしていたものの、その「個客」が誰なのか、これまでは何をどの程度買っていたのかは十分に把握できなかった。しかしオンラインでのつながりを持つことができれば、これらの履歴を基に「個客」ごとの情報提供や価格オファーを仕掛けていくことも可能になるだろう。

「アマゾンブックス型」へのシフト

次にチャネルシフト②、すなわち［選択オンライン×購入オフライン］へと進出するとしたら、どんな店舗になるかも想像してみよう。つまりホールフーズの店頭でオンライン情報にア

Whole Foodsのチャネルシフト ④

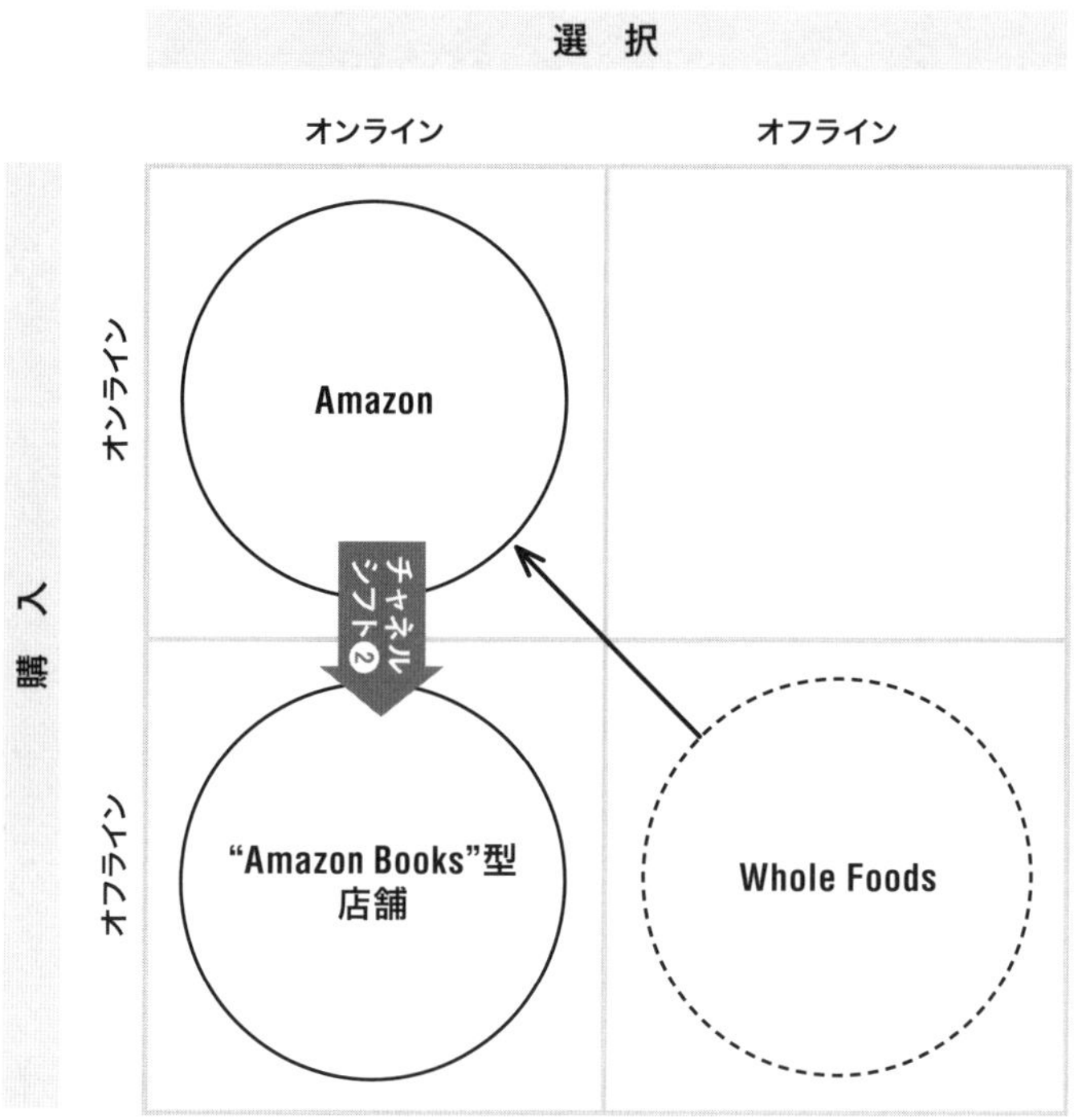

クセスして商品を選択させ、そのままオフライン店舗で購入できるという、「アマゾンブックス型」店舗へのシフトだ。

この店舗での購買体験は、次のようになるだろう。まず顧客は店頭でアマゾンのアプリを立ち上げ、店頭に並ぶ食材をスキャンする。するとオンラインで野菜の産地や生産者の情報、他の顧客によるレビューなどを見ることができる。価格はプライム会員の場合と、そうでない場合が表示される。やはりここでもワン・トゥ・ワン・マーケティングが可能になるので、顧客ごとに情報や価格オファーを出すことができる。

またアマゾンのIDと紐付けて、その「個客」が誰なのかを認識できれば、店頭での提案の幅はさらに広がるだろう。食は健康に直結している。顧客の健康状況に基づいて食材を推奨し、その調理方法やメニューを個別にカスタマイズして提案するということも可能だろう。オフラインの店舗では物理的に限界がある関連商品の陳列も、オンライン空間であれば自由自在だ。

さらにこれからは、家にある食材をデータ管理できる冷蔵庫なども登場するだろう。これらのデータもアプリに統合し、メニューに応じて追加で買うべき食材を店頭で教えるという発想もある。アマゾンエコーを顧客の自宅に送り込み、家中のIoT家電を連携させることを見据えているアマゾンであれば、そのくらいの見通しを持っていてもおかしくない。

食品スーパーの店頭で、オンラインに存在する商品情報を提供する試みは、ミラノのコープが2016年12月に導入している。この店舗はMIT（マサチューセッツ工科大学）センサブル・シティ・ラボのディレクターであり、デザイン事務所「Carlo Ratti Associati」の共同設立者であるカルロ・ラッティ氏が指揮したものだ。

この店舗の生鮮食品のコーナーには、商品情報を説明するモニターが設置されている。顧客が店頭で人参を手に取ると、人感センサーと、ジェスチャーと音声で動くマイクロソフト・キネクト・センサーが反応し、その商品の栄養成分や価格、農薬や肥料、アレルギーを引き起こす可能性のある物質、売り場に到着するまでの一部始終が表示されるという仕組みだという。

彼らはテクノロジーを店頭に導入することで、顧客に「食品への安心」という最も重要な価値を提供している。これによって顧客の購買体験は深いものになり、結果として店頭価格の維持や、より高付加価値な商品へのシフト、顧客のリピートにつながることが期待されている。

「日本のスーパーを買収したら？」と考えてみる

米ウォールストリート・ジャーナルによると、アマゾンはオフライン店舗事業と、食料品などの即時配達事業を統合した。その責任者についたスティーブ・ケセル氏は、アマゾンブックス、アマゾンゴーなどを実現してきた人物だ。今後ケセル氏が統括するのは、ホールフーズに加えて、1時間以内配送を提供するプライム・ナウ、アマゾンフレッシュ、アマゾンブックス、アマゾンゴーなどが含まれるということだ。

今後のホールフーズの事業変革は、様々な憶測を呼んでおり、正確なところはわからない。しかしホールフーズの顧客IDをアマゾンのプライム会員と統合し、その店舗を顧客の居住エリアに近い物流拠点とみなし、新しい購買体験を創り出す可能性は十分にありそうだ。アマゾンゴー型か、アマゾンブックス型か、あるいはどちらかではなく双方を合わせた形態になるかもしれない。

ではもしアマゾンがホールフーズではなく、日本の食品スーパーを買収して上陸したら、どうなるか。人口減少と高齢化が進む日本でも、宅配を組み合わせたアマゾンゴー型の食品スーパーは、顧客にとって価値がありそうである。また食品の品質を重視したり、オンラインでのメニュー提案を求めたりというニーズ自体はすでに顕在化しているから、アマゾンブックス型の食品スーパーも、顧客の支持を集めるかもしれない。可能性はゼロではない。本当にそんな店舗が実現したら、既存のオフライン店舗を主力とする食品小売企業は、大きな変革を突きつけられることになる。

チャネルシフトは、これから加速していく戦いである。食品業界の事例を使った思考実験は、一定の視点を持って業界変化の予兆を捉えることの重要性を示している。

06 タクシー業界

Uber対全国タクシー

オフライン企業の変革

最後に、あえて小売業以外の業種を取り上げる。

現在チャネル変革に果敢に挑んでいる、タクシー業界である。タクシーと言えば、これまでは「タクシー乗り場で待機している車両や流し営業をしている車両を路上で拾い、目的地に着けばドライバーに料金を支払う」というスタイルだった。つまりオフラインで選択し、オフラインで購入していた業界である。

この業界に、オンラインを基点とするビジネスモデルで切り込んできたのが、ウーバー(Uber)だ。ウーバーは、登録している一般のドライバーと、車で移動したい人をマッチングさせる、「ライドシェアサービス」を提供する企業である。2009年にスタートアップとして創業し、いまや世界70ヶ国以上で事業を展開する成長企業だ。またソフトバンクグループが、ウーバーの約15%の株式を取得することも報じられている。

筆者らも米国などへの出張の際にはウーバーで移動しているが、ユーザー体験は実にシンプルだ。ウーバーのアプリを立ち上げて車両タイプを選び、目的地と乗車位置を送信するだけで配車が完了する。マッチングされたドライバーの現在地が、車種・ナンバー・ドライバーへの過去評価といった情報と共に表示される。時間帯や地域にもよるが、5分もすれば最寄りのドライバーが到着し、目的地まで運んでくれる。

料金は変動制で混雑時には高くなるものの、平均的には一般のタクシーよりも安く、乗車前に料金がわかる方式だ。支払いは登録したクレジットカードでオンライン決済され、領収書もメールで届くので、ドライバーとのやりとりは一切不要、到着したら車を降りるだけだ。

チップやドライバーへの評価は、降車後にオンラインで登録することができる。走行ルートも現在地もすべてアプリ上で確認できるので、回り道をされる不安もない。行き先を変更したい時も、走行中にアプリ上で送信すれば、ドライバー側のスマートフォンに瞬時に転送されるので行き違いもない。最初にウーバーを利用した際には、そのユーザビリティの簡単さ、配車から利用・支払いまでのスムーズさに衝撃を受けた。

ウーバーは、「オフライン業界にオンラインのビジネスモデルを持ち込んだ」企業である。しかしそのライドシェアというビジネスは、各国の規制に反する場合が多い。例えば日本では、一般のドライバーが自家用車で顧客を運搬して料金を取ることは、いわゆる「白タク」と呼ばれる違法行為と見なされる。つまりウーバーは、いまの日本の法規制のもとでは営業できないのだ。

同じ問題は他国でも起こっており、規制変更の議論を巻き起こしたり、当然のことながら既存のタクシー事業者からの反発を招いたりしている。つまりウーバーのビジネスモデルは、既存の業界秩序を打ち壊すほど革新的なものであったとも言える。

オンラインに新たな基点を持つ

ウーバーは利用する車の選択も購入もすべてオンラインで完結する、いわばタクシーのEC企業である。リアル店舗にあたる車両は、保有していない。

これに対して車両を保有し、乗車場などのオフラインで顧客に選択してもらう接点を持ち、降車時に車両内で決済を行うタクシー会社は、従来型のオフライン企業である。筆者らはここで、日本へのウーバー導入について意見を言うつもりはまったくない。ここで取り上げたいのは、ウーバーはテクノロジーで既存業界に切り込んだオンライン企業であり、タクシー業界で起きていることはまさに「オンラインVSオフライン」の対抗軸での争いであるということだ。

この状況において、果敢にチャネルシフトを仕掛けて顧客の利便性を高めようとしているのが、日本のタクシー業界だ。

タクシー業界のチャネルシフト①

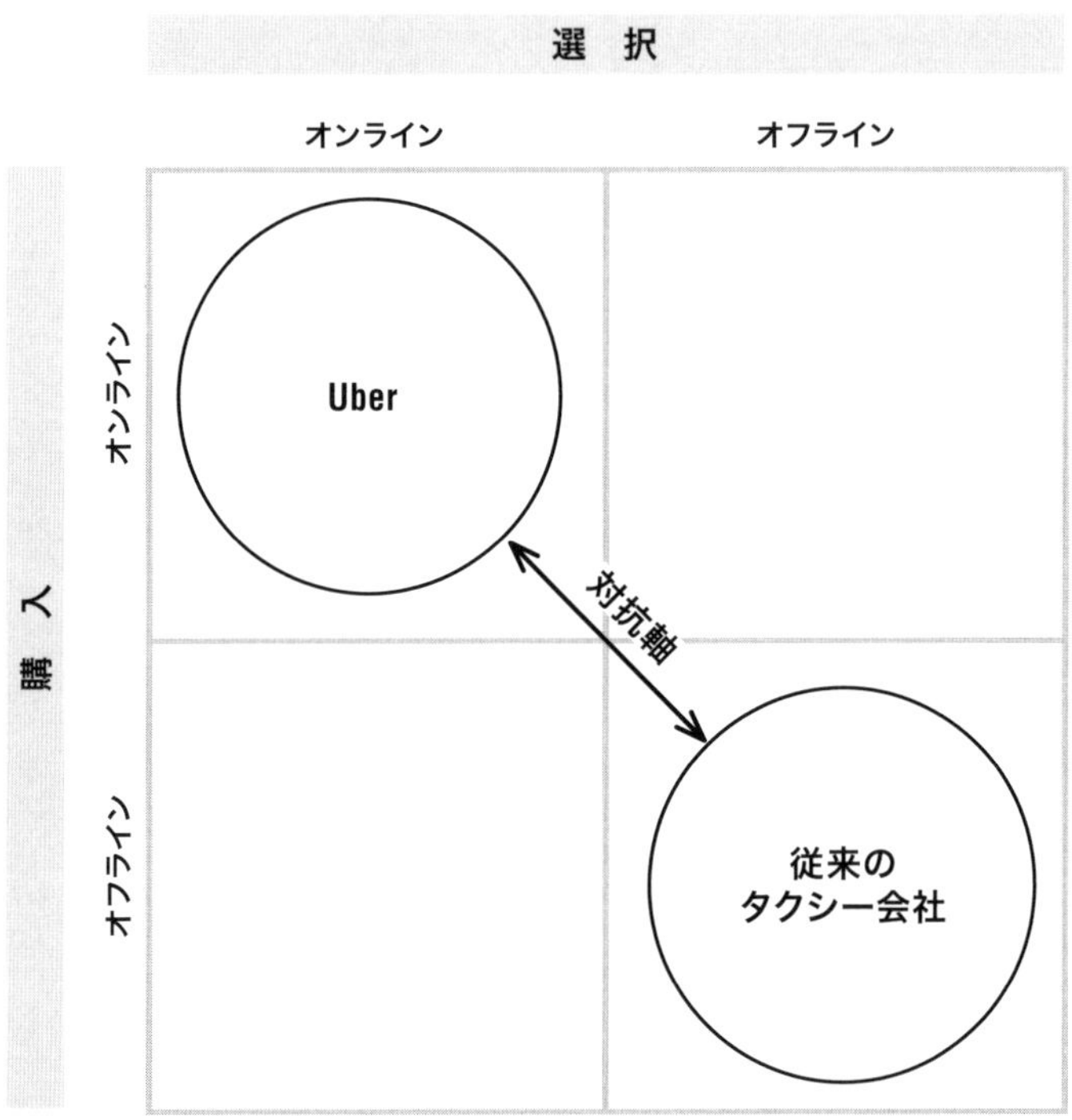

その代表例が、日本交通の子会社JapanTaxiが運営する配車アプリ、「全国タクシー」である。全国タクシーは47都道府県で使え、対応車両数は2017年時点ですでに約5万台に上ると言われ、2020年に向けてさらにその数を増やしている。

顧客はアプリを立ち上げ、目的地と乗車位置を入力すれば配車、すなわち選択が完了する。利用するタクシー会社も選択でき、事前に目的地までの料金も検索できる。またタクシー会社によって異なるが、各種ネット決済にも対応しており、降車時にオンラインで支払いを完了できる。

つまり全国タクシーというチャネルを持つことによって、タクシー業界は左上の［選択オンライン×購入オンライン］の象限に進出したのだ。

オフラインの機能も残す

さらに特筆すべきは、全国タクシーで構築した顧客とのつながりを使って、マトリクスの右上と左下の2つの象限も抑えにいっていることだ。対応する車両はまだ限られているが、たまたま乗車場で出会ったタクシーに乗ったとしても（選択オフライン）、乗客シートの前に設置されたディスプレイでQRコードを表示して読み取ることで、オンラインでの支払いも可能になっている（購入オンライン）。

　また、もともとタクシーは個別の車両での決済を行っているので、仮に全国タクシーで配車をしたとしても（選択オンライン）、支払いは降車時に現金で行っても構わない（購入オフライン）。

　つまり日本のタクシー業界はオフラインからオンラインに進出し、ここを基点に自ら2つのチャネルシフトを起こしたと言えるのだ。

　タクシー業界がアプリによる配車・決済を進める背景には、インバウンド顧客の増加もある。言葉が通じなくても円滑なサービスが可能であることに加え、モバイルペイメントが進む中国などからの顧客に対応するためだ。また韓国など、海外の配車アプリとの連携も進めている。さらには、オンラインでの選択・購入が必須になる、タクシーの自動運転化まで見据えているのかもしれない。

　第一交通産業も、タクシー配車とライドシェアサービスの世界最大手である中国・滴滴出行と組むことを、2017年10月に発表した。2018年春にも、東京都内で配車アプリを使ったサービスを始めるという。ウーバーの日本への本格上陸がなかったとしても、タクシー利用における顧客の買い物行動は、オンラインとオフラインを組み合わせたものになっていきそうである。

タクシー業界のチャネルシフト②

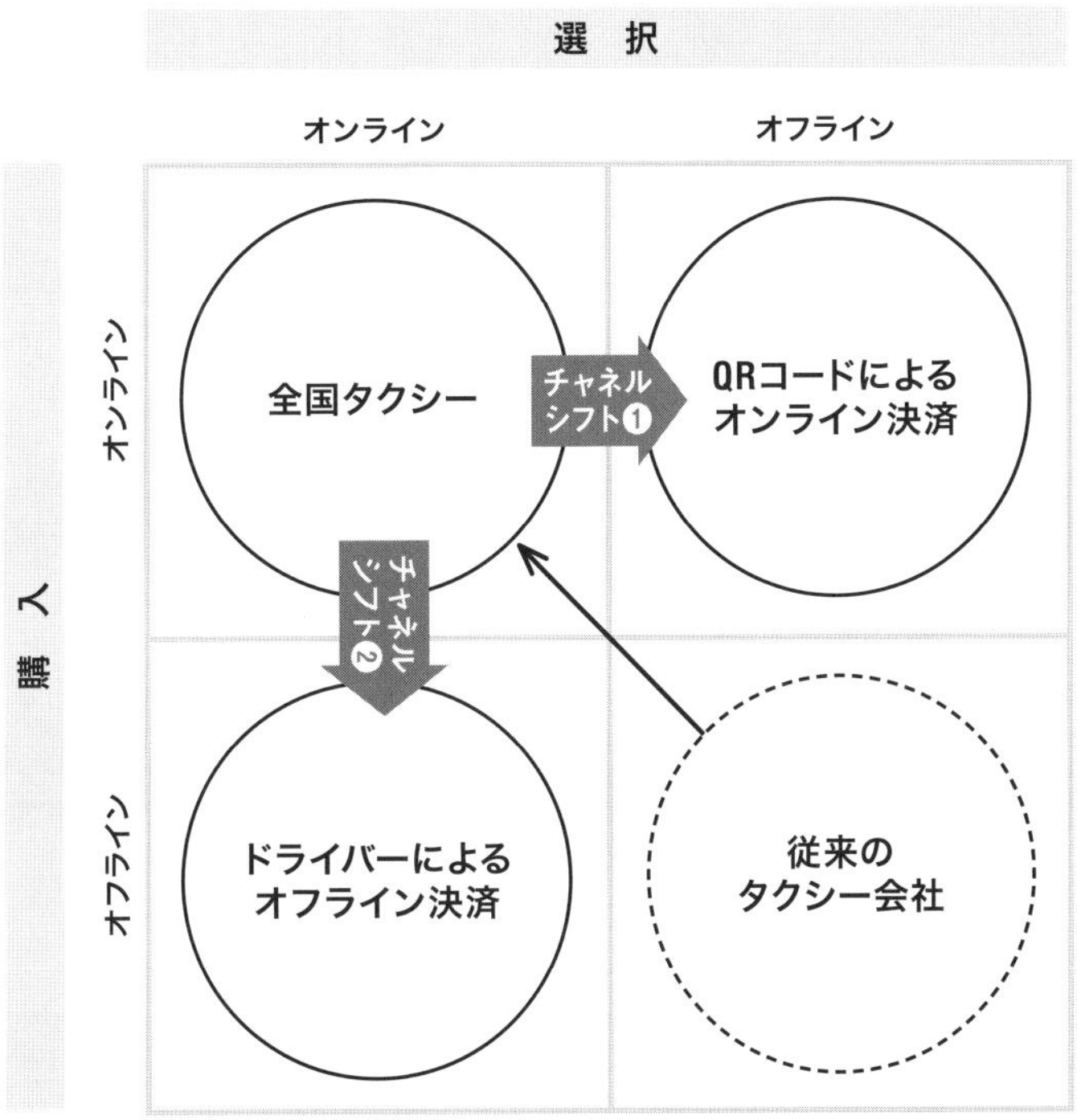

ウーバーは相乗り版の「ウーバープール」など、新しい価格・商品の提案を行っている。さらに2017年には、「ウーバー・エクスプレス・プール」を打ち出した。これは顧客が、ドライバーが拾いやすい場所まで数ブロック歩くなら、料金がさらに安くなるというものだ。いずれも、顧客とのつながりを活かした新しい提案である。

JapanTaxiもまた、国土交通省が2018年1〜3月に行う「相乗りタクシー」の実証実験に参加すると発表した。日本のタクシー業界の次の挑戦は、獲得した顧客とのつながりによって、このような新しい購買体験を顧客に提示していくことだろう。

車両もドライバーも持たないウーバーと、双方を保有するタクシー会社では、そもそもビジネスモデルが違うのだから単純に同じ施策は取れない。しかしだからこそ、タクシー会社にしかできない、顧客とのつながりを活かしたサービスの提案は期待できる。実際にタクシー業界では、これまでも出産や介護に対応したタクシーなど、顧客ニーズにより深く応える商品を開発している。

日本のタクシー業界によるチャネルシフトは始まったばかりだが、オンラインで手に入れた顧客とのつながりをさらに活かすことができれば、よりパーソナライズされた価格・商品提案などを生み出し、ウーバーにはできない購買体験を実現する可能性がある。

タクシー業界の果敢な取り組みは、オフラインに軸足を置くサービス業が挑むチャネルシフトの実践事例として、学ぶところが多いと言えるのである。

「戦略意図」としてチャネルを設計する

ここまで、アパレル業界とインテリア業界を題材に、チャネルシフトの事例を見てきた。またこれからチャネルシフトが起こる可能性が高い業界として食品業界を取り上げ、チャネルシフト・マトリクスを使って、そこでどんな新しい購買体験があり得るかを思考実験として考えてみた。さらにあえて小売業ではないタクシー業界にもマトリクスをあてはめ、日本のタクシー業界の果敢な挑戦を俯瞰してみた。

これらの業界事例から言えることは、チャネルはもはや「オンライン店舗VSオフライン店舗」という、単純な対抗軸だけでは捉えられなくなっているということだ。新しいハイブリッドタイプともいうべき、ネットとリアルを融合させた象限での顧客争奪が、各業界で始まっている、あるいはその予兆があることがわかっていただけたと思う。

いまやオンラインとオフラインを隔てる壁は、個々の企業の戦略によって破壊されてきている。そして焦点はもはやチャネルを設置すること自体ではなく、その組み合わせによって「いかに他社にはない購買体験を提供し、顧客とのつながりを創り出せるか」に移っている。オンラインとオフラインの双方にチャネルを設けたからといって、そこに独自の購買体験がなければ顧客が利用する価値はなく、さらなる顧客とのつながりも生まれるはずがない。

重要なことは、このマトリクスの4象限で分類するのは、「企業の戦略意図」であるということだ。「顧客が各象限での買い物ができるかどうかの状況」ではない。

オンラインとオフラインの双方に店舗を持っていれば、顧客がオフライン店舗で商品の選択をしておいて、スマートフォンでオンライン店舗にアクセスして購入をすることは可能である。同様に事前にオンライン店舗で商品の選択をしておいて、オフラインの店舗に行って買い物をするということも可能だ。

しかしそれは、顧客が「たまたまそうしている」だけのことである。自然発生的に起こっている状況であり、そこに戦略としての意図はない。

チャネルシフトは、顧客の買い物行動が運良く自社で完結するように待ち構えるような戦いではない。企業が意図的にそれを設計していなければ、顧客を自らのチャネルに引き込むことはできない。

前述したアマゾンダッシュもアマゾンブックスも、顧客によるオンラインとオフラインの行き来が自社のチャネルの中で動くようにチャネルを設計している。ル・トートやボノボスのチャネルも、顧客の買い物行動を意図的にデザインした結果である。

オンラインとオフラインの双方を柔軟に組み合わせ、顧客にとって魅力的な購買体験を実現すること。それが顧客とのつながりを創り、独自の戦い方を生み出すことにつながるのである。

PART

3

店舗至上主義の限界

これまでも、オンライン企業とオフライン企業の戦いは、各業界で存在した。しかしチャネルシフトという新しい戦いでは、オンラインとオフラインを柔軟に「組み合わせて」戦うという発想が求められることを、PART2までで確認してきた。そのためには、まず何よりも思考を「店舗至上主義」の呪縛から解き放つ必要がある。

本章では、チャネルシフトにおける戦い方を考えていく前提として、これまで小売業におけるチャネルがどのように進化してきたのかを俯瞰しておく。これまでの思考の枠組みが、チャネルシフトを仕掛ける企業のそれとあまりにも違うとしたら、対抗策を取る以前に戦いを組み立てることすらできない。チャネル論の変遷を確認しておくことは、我々の思考の現在地を知り、変化を考える上で重要な土台となり得る。

07 チャネル形態の変遷

マーケティングにおけるチャネル論は、「顧客から自社ブランドへの愛顧を獲得するために、チャネルをどのように統制するのか」という視点から研究されてきた（山本 2015）。過去のチャネル形態の変遷は、その視点から研究され、非常にわかりやすく分類されている。

次の図は、筆者らが研究者の方々からの示唆を受けながら、過去のチャネル論に登場した分類とその定義を、時系列に整理したものである。順に見ていこう。

まず「シングルチャネル」の理解はシンプルだ。店舗を1つだけ持つ手法で、顧客も商品も販促も、すべてが1つしか存在しない店舗を軸に統制される。商店街によく見られるような、個人商店主によるパパママストアを思い浮かべるとわかりやすい。

次に「マルチチャネル」とは、文字通り商品やサービスを扱う店舗を複数持つ手法だ。例えばご当地の有名食材を扱う店舗が、お取り寄せ用にオンライン店舗も展開している状況を想像すると分かりやすい。地域の顧客には実店舗で販売し、遠方の顧客にはオンライン店舗で販売

チャネル形態の変遷

	顧客接点	小売側の対応
シングルチャネル	単一接点	単一の販売チャネルのみ
マルチチャネル	複数接点 （顧客ごとに個別に存在）	複数の販売チャネルを用意
クロスチャネル	複数接点 （1人のお客様に複数の接点を用意）	チャネルを横断した 顧客管理ができない
オムニチャネル	複数接点 （1人のお客様に複数の接点を用意）	チャネルを横断した 顧客管理を行う

NRF MOBILE RETAIL INITIATIVE,「Mobile Retailing Blueprint V2.0.0」より引用、筆者加筆

する。この場合、統制すべき接点は複数になるが、同一顧客が地域の実店舗と、お取り寄せ用のオンライン店舗の両方を併用することは想定していない。それぞれの店舗は対象とする顧客が違う状態だ。店舗ごとに顧客・商品・販促を管理することになる。

これに対して「クロスチャネル」は、同じ顧客が使い分けられる店舗を複合的に提供する手法だ。例えば同一の顧客が、週末は近所のスーパーのオフライン店舗で買い物し、忙しい平日はそのスーパーのオンライン店舗をモバイルから使用する状況を想像すると分かりやすい。ただしクロスチャネルでは、統制する軸はあくまでも店舗にある。それぞれの店舗が、それぞれに顧客・商品・販促を管理している。そのため同じ顧客がオンライン店舗とオフライン店舗で買い物をしていたとしても、店舗側はそれが把握できない。

これに対して、ネットとリアルの融合をさらに進め、店舗を横断して顧客を管理するのが「オムニチャネル」だ。オムニチャネルという言葉は、最近では一般的な経済誌などでも目にするようになった。デジタルマーケティングにかかわる人間には数年前から聞き慣れたバズワードではあるが、その取り組みが一般的なビジネスパーソンの耳にも入るようになってきたのは、つい最近のことだろう。昨今ではセブン＆アイ・ホールディングスを筆頭に、多くの流通小売業でオムニチャネル戦略の立案、構築、実行が声高に叫ばれ、それがようやく形になりつつある。またその成否についても、各所で論じられるようになってきた。

オムニチャネルが実現すると、顧客はオンライン店舗にいてもオフライン店舗にいても企業側から正しく「個客」として認識され、統一された対応を受けられることになる。近藤（2015）はオムニチャネルを、「すべてのチャネルを統合し、消費者にシームレスなショッピング体験を提供するマーケティング手法」としている。現在のチャネル論においては、このオムニチャネルの状態が、進化の最先端とされている。これがチャネル形態の現在地である。

08

「オムニチャネル」の本質

こうして時系列に並べた場合、オムニチャネルは「企業視点でのチャネル進化プロセス」の中に位置付けられるように見える。しかしその変化の内容を見ると、シングルチャネルからクロスチャネルに至る過程と、クロスチャネルからオムニチャネルへの過程では大きな違いがあることに気づく。

変化したのは「店舗」ではなく「顧客管理」

それはシングルチャネルからクロスチャネルまでは、店舗が1つから複数へ、顧客ごとの複数店舗から1人の顧客への複数店舗へと、顧客接点の形態が変化しているのに対して、クロスチャネルとオムニチャネルでは顧客接点である店舗は何も変化していないということである。

変化したのは店舗ではなく、顧客管理である。つまりシングルチャネルからクロスチャネルまでは「店舗を軸に顧客の管理を行っている」のに対して、オムニチャネルからは「顧客を軸にチャネルの管理を行う」ことになる。これは、大きなパラダイム・シフトである。

これまでのオフライン企業は、店舗によって、その流通機能のすべてを束ねてきた。顧客管理はもちろん、例えば立地に即した店舗ごとの商品の仕入、在庫管理、値付け、情報の発信や販促など、店舗ごとに最適な形を追求してきたと言える。これらの機能を店舗という軸で統制し、最適化するためのノウハウを築き上げ、組織を形づくってきたのだ。従来多くの企業において、オフライン店舗とオンライン店舗を別の部署が管理してきたのは、店舗を軸とした統制においては理にかなっている。

しかし「顧客を軸にチャネルを管理する」となると、すべてが変わってしまう。顧客属性の把握を全社的な観点から行い、顧客の買い物行動に合わせて最適なチャネルを再編し、仕入れや在庫管理、さらには値付けや情報発信から販促まで、すべての店舗を横断し顧客ごとに統制する必要が出てくる。課題は「店舗の効率的な運用」から、まさに「顧客へのシームレスなショッピング体験の提供」に変化する。

この課題に対応するためには、顧客を軸として、オフライン店舗とオンライン店舗に横串を通す体制が必要になる。伝統的な小売業にとっては、組織構造を含めた大きな変化を強いられることになる。すなわちオムニチャネルとは、小売業にとって、店舗基点から顧客基点への経営変革であると言える。

チャネルの主導権は顧客に移った

では、そこまでして、オムニチャネルに対応しなければならないのはなぜか。それは、「顧客の買い物行動がオムニチャネル化している」からである。

そもそも「オムニチャネル」という言葉が生まれたのは、2010年7月、全米小売業協会(National Retail Federation、略称NRF)の標準化団体であるARTS(The Association for Retail Technology Standards)が、「Mobile Retailing Blueprint V1.0」を発表してからだと言われている(山本2015)。

このタイトルに「Mobile」とある通り、その背景にはスマートフォンの普及がある。モバイルがあれば、あらゆる場所であらゆる情報にアクセスし、あらゆる店舗を選択し、あらゆるものを購入できる。そうなれば、1つの店舗で選択から購入までを完結させる必要はない。例えば家電量販店の店頭で商品を試しながら価格コムで価格や評価情報を探索し、アマゾンで購入することも顧客の選択次第である。来店したからといって、そこでの情報だけを信じるわけはなく、そこで購入するとも限らない。

「新しいタイプの顧客の特性は、マーケティングの未来がカスタマー・ジャーニー全体にわたってオンライン経験とオフライン経験のシームレスな融合になることを、はっきり示している」(Kotler 2017)のである。

すなわちオムニチャネルの本質とは、企業側の進化ではなく、顧客の買い物行動の変化にある。シングルチャネルからクロスチャネルまでは、極論すれば企業が自社の戦略に沿って進化を選択すればよかった。しかしオムニチャネルへの対応は、選択ではなく必然である。自社が対応しなければ、顧客は自分の買い物行動に合った他社を選択するだけだ。「チャネルの主導権が顧客に移った」という前提を、忘れてはならない。

すべての「接点」がチャネルである

顧客を軸にしてチャネルを統制するという見地に立つと、もう1つ大きな変化が起きる。それは、「チャネル＝店舗」ではなく、店舗はチャネルの1つに過ぎなくなるということである。「チャネル＝顧客とのあらゆる接点」と捉える必要に迫られるのだ。

これまでは、良い立地に良い店舗を出せば、顧客は店舗に足を運んでくれた。顧客からすれば、買い物をしようと思えば店舗が集まる特定の地域におもむく必要があったし、そこから得られる情報が買い物行動の多くを決定していた。企業側も、店舗が顧客の選択から購入までの流通機能を統合するという前提に立っていた。したがって、統制すべきチャネルとは、店舗のことであった。

しかし、顧客を軸にしてみれば、いまや買い物行動は店舗だけでは完結しない。仮に自社の店舗で購入するにしても、選択の多くはネットとモバイル端末からの情報によって行われる。「オムニチャネル時代の小売業は、モバイルデバイスを活用した情報流を中心としたコンシェルジュモデルへと移行する」と言われる理由は、ここにある。「顧客をいかにサポートできるかが、配送や購買率よりも重要になる」(Brynjolfsson et al. 2013) のである。

したがって、顧客を軸にチャネルを統制するのであれば、来店前の情報チャネルや、購入した後の接点も含めて考える必要がある。店舗はもはや、顧客の買い物行動における、1つの通過点に過ぎない。顧客の選択に影響を与える、店舗・アプリ・商品・メディア・SNS、そのすべてが情報であり、チャネルであると考えねばならない。顧客の買い物行動を軸として、これらのチャネルを配置・連動させるという視点が必要になる。

09

小売業が陥る「マーケティング近視眼」

しかしそれでもなお、店舗を軸としたチャネル設計、言うなれば「店舗至上主義という呪縛」から逃れられない小売業が多いことも事実である。もちろん店舗ロケーションを所与として、品揃えとサービスを向上させることにより、競合に対する優位性を保つ「小売吸引」という考え方はいまも意味をなしている。

筆者らも事業会社の内外からチャネル変革という課題に携わってきたが、多くの企業で「顧客は必ず店舗に来る」という前提が、思考のスタートラインになっていることを実感してきた。「顧客を軸に統制するにせよ、その顧客獲得は店舗で行うのだから」という発想になりがちだ。従来からオフラインで勝負してきた企業は、顧客を軸にするということが頭では分かっていても、すべてを店舗で完結できるという思考の枠から脱却することは、やはり相当に難しい。

店舗機能を分解して再定義

筆者らは、オフライン店舗の重要性を否定しているのではない。むしろ、その逆である。ただ、店舗ですべてを完結させるという前提に立つ必要はない、と考えているのだ。

確かに近年は、店頭に導入できる様々なテクノロジーが登場している。店舗にできることは、確実に増えている。しかし、オムニチャネル化する顧客を捉えるために必要なのは、必ずしもセンサーやテクノロジー満載のリアル店舗を生み出すことではない。

前述したニトリの事例を考えてみよう。店頭を先端テクノロジーで武装しなくても、顧客の買い物行動に沿ったオフライン店舗の運用を生み出している。これはオフライン店舗を選択の場と位置付け、購入をオンラインに切り出しているからだ。

そしてまた、ボノボスの事例を思い返してみよう。店頭の業務負荷は減っているが、接客が不要になったのではない。むしろ、オンラインを活用して接客技術を高度化させることで、深いブランド体験を実現しようとしている。これも、商品の選択をオンラインで促し、オフライン店舗を購入という機能に特化しているからだ。

つまり彼らは、顧客とのつながりを活かすことによって、オフライン店舗の役割を分解し、再定義しているのである。

「顧客とのつながりさえあれば、店舗ですべての買い物行動を完結させる必要はない」――。

このことに最初に気づき、受け入れ、戦略の前提にしていったのは、ネットでビジネスを展開するオンライン企業だった。彼らは最初から、顧客を基点として、その買い物行動に寄り添わなければ、顧客を獲得できないビジネスだからである。そしてオンラインで手に入れた顧客とのつながりを武器に、さらなる顧客機会を獲得すべく、オフラインに進出し始めた。その歩みの現在地が、チャネルシフトである。

チャネルシフトを仕掛けてくる企業が、文言としてチャネルをどう定義しているかは定かではない。しかし少なくとも彼らが、「顧客の愛顧を得るために店舗をどう統制するか」という枠組みにとどまっていないことは確かだし、「店頭ですべてを完結させよう」と考えていないことも確かだ。彼らは、オンラインを基点にオフラインを柔軟に組み合わせることによって、まったく異なる購買体験を実現できることを知っている。そして顧客は、より魅力的な購買体験を提供する企業を選ぶことになる。

オンラインに軸足を置く企業との競合視点を持たず、自社内での店舗統制という枠組みに捉われていたのでは、太刀打ちできないことは明らかである。

ではなぜ、店舗至上主義から脱することは、それほどに難しいのか。それは顧客基点のチャネル設計の実現が、自らが強みとして磨いてきた「オフライン店舗によって束ねる流通機能」

の解体と再配置を意味するからである。「流通アンバンドリング（流通機能の「束」の解体）」（矢作2016）とは、まさにこれである。

持つ者のジレンマ

企業から見れば、顧客基点のチャネル設計とは、顧客情報や商品情報を一括管理すれば実現するというような、単純なものではない。その過程で、情報発信や商品管理、物流や組織体制など、これまでの成功法則に大きな変更を強いることになる。膨大な労力と投資が伴うだけでなく、自らが磨いてきた強みや人材を一度バラバラに分解し、再統合しなくてはならないこともある。当然リスクも大きく、労力と投資に見合う成果が得られるかどうかの予測も難しい。

したがって現場の主導だけではなく、経営トップの判断がなければ、実行はおぼつかない。ましてや、成長は鈍化しているものの、経営危機に陥っているわけでもないとなれば、実行に踏み出す判断は難しいものになるだろう。

つまり、これまでのオフライン店舗を中心とした業界で強みを確立してきた企業ほど、その変革にはジレンマがつきまとう。ここに、顧客基点のチャネル設計が進まない理由がある。

国内において顧客人口がこれから先も減少を続けていくことは確実である。そしてその顧客がオンラインへシフトしていることも間違いない。しかし現状では、ネットでのECが発展したとはいえ、日本においては小売業全体のEC化率は10%にも満たないと言われている。変革を迫られるのは、遠い未来のような気さえしてくる。

変革が遠くにあると思えば、のんきに懐古主義にひたる論調も出てくる。例えば、街の書店がアマゾンに顧客を奪われていく現状を嘆く声が、紙面などで散見される。街の書店が減っていくことに触れ、「古き良き時代の本屋には、そこにしかない味わいがあったのに」といった意見だ。まるで黒船来襲を嘆き、江戸の平安を懐かしむといった風情だが、実はこのような懐古主義的な声は、流通変化の際には必ず上がる。おもちゃの大型店や、マルチスクリーンの大型映画館が日本に上陸した際にも、このような論調の記事が見られた。古き良き時代のおもちゃ屋や映画館には、それなりの良さがあるのに、なぜそれが分からないのか、というわけだ。

しかしそれでも、流通の覇者は、時代とともに常に入れ替わる。2017年9月に、米国のトイザラス破綻のニュースが報じられた。日本上陸当時は黒船と呼ばれ、国内のおもちゃニーズを吸い上げる存在となり、パパママストアが中心であったおもちゃ店舗は壊滅に追い込まれた。トイザラスは、かつて日本の流通規制の代名詞であった大店法に挑み、チャネルを改革した立役者だった。しかし今度はそのトイザラスが、アマゾンに顧客を奪われてしまった。ネットストアとの戦いだけがその破綻の理由ではないが、勢いを失った大きな要因であったことは間違いないだろう。

昔を懐かしむことは構わないが、顧客がより良い購買体験を求めて動くことは止められない。顧客の変化についていけなければ、旧来の流通は駆逐されることになる。

「マーケティング近視眼」という言葉がある。マーケティングを学ぶ者であれば誰もが読んだことのある、セオドア・レビットの記念碑的な論文である。そこでは「鉄道」という手段に固執したために、自動車などにその市場を奪われた鉄道会社の衰退が描かれている。顧客が求めているのは、鉄道という手段ではない。輸送や移動という価値である。しかし当時の鉄道会社は、手段であるはずの鉄道に固執し続け、自らの強みを活かした新たなサービスの提供に踏み切らなかった。「顧客は鉄道を利用するはずだ」という思い込みが、彼らの交通変化への対応を遅らせ、衰退を決定的なものにした。彼らは、手段と心中したのである。

店舗への固執は、21世紀における小売業のマーケティング近視眼と言えないだろうか。

コトラーの指摘

オフラインでの体験ができるリアル店舗は、顧客の選択において強力な接点であることは、間違いない。そしてそのオペレーションの知見は、オフラインを基点としてきた企業の大きな強みであるはずだ。フィリップ・コトラーは2017年に発表した『コトラーのマーケティング4・0』で、以下のように述べている。

「マーケティング4・0は、企業と顧客のオンライン交流を一体化させるマーケティング・アプローチである。デジタル経済では、デジタルの交流だけでは不十分だ。それどころか、ますますオンライン化している世界で、オフラインの触れ合いは強力な差別化要因になる」

顧客の買い物行動を広い視野で捉え、その中でリアル店舗を活かすことができれば、他社にはない買い物体験を実現し、高い競争力を手に入れることができる。顧客が求めているのは、店舗ではない。購買体験における価値である。店舗に固執せず、接点としてその強みを活かした、柔軟なチャネル設計が求められている。チャネルシフターは、まさにこの前提に立っているのだ。

オムニチャネルの次に来る戦い方

ここまでオムニチャネルという考え方の登場の背景、そして「顧客を軸としたチャネル管理」へとパラダイムがシフトしていることをチャネル形態の変遷に沿って見てきた。もはやチャネルの主導権は顧客に移っている。そしてだからこそ、チャネルとは店舗ではなく、顧客とのあらゆる接点を対象としなければならない。そして競争の焦点は、オンラインとオフラインにチャネルを置くこと自体ではなく、それによってどんな購買体験を提供できるかに移っている。

ここでオムニチャネルと、本書のテーマであるチャネルシフト戦略との位置付けを整理しておこう。現状のオムニチャネルの理解は、「チャネルを店舗に限定せずに、コミュニケーションチャネルまでを含み、顧客の購買体験を実現すること」までを含んでいる。ここまでは、チャネルシフト戦略の概念と同じである。

前述したチャネルシフト戦略の定義は、以下の通りだ。

チャネルシフト戦略とは、

1．オンラインを基点としてオフラインに進出し、

2. 顧客とのつながりを創り出すことによって、

3. マーケティング要素自体を変革しようとする戦い方である。

1は、いわばオンライン企業によるオムニチャネル化である。オンラインに基点を置く企業が、オフラインを組み合わせたオムニチャネルを実現し、顧客に購買体験を提案するわけだ。これに2の「顧客とのつながり」を競争優位性として手に入れるという意図、さらにそれによってマーケティング要素自体を変革するという行動までを含んだものが、チャネルシフト戦略である。すなわち、チャネルシフト戦略とは、オムニチャネルを前提として、その上に実現する戦い方であると言ってよい。

ここであえて、オムニチャネルとチャネルシフト戦略を対比するならば、最大の違いは「思考の基点」である。

オムニチャネルは、主にセブン&アイなどのオフラインに軸足を置く既存企業が、オンラインに進出することを指していた。したがって、従来型のオフライン思考からオンラインを捉えようとするものだ。あくまでも重要なのはオフライン店舗あたりの売上であり、販売の最大化である。顧客の購入時点を最も重視し、来店してくれる顧客の満足度を高めるべく、すべての顧客体験が完結できる店舗の拡張を図っていく。その大きな狙いは、「チャネル変革」にある。

これに対してチャネルシフト戦略の「思考の基点」は、オンラインにある。アマゾンのようにECを出自とする企業には、店舗という概念がない。あくまでも重要なのは店舗ではなく、「個客」あたりの売上であり、体験の最適化である。オンラインの店舗は、オフラインの店舗と違い「たまたま前を通る」などということは起こらない。リアル店舗を持たない彼らが「個客」を軸として見るのは当然であり、買い物行動の全プロセスに寄り添えなければ顧客を維持できないと考えるのが普通だ。したがって顧客の選択時点から入り込み、購入だけでなく使用段階まで入り込もうとする。そこにはオンライン店舗だけで完結するという発想はなく、選択と購入を分解して接点を設け、それらを1つの購買プロセスの中で連携させようとしてくる。

つまり彼らは、オンラインの接点と同じ感覚で、オフラインの店舗や接点を作り出してくるのだ。さらに顧客のリピートを促すために、「個客」の行動データ獲得を重視する。そしてデータを使って、販促・価格・商品といった次の提案を仕掛けて来る。彼らにとってチャネル変革は手段に過ぎず、「マーケティング変革」がそのゴールになる。

すなわちチャネルシフト戦略とは、オンラインに軸足を置く企業から生まれた戦い方である。チャネルシフト・マトリクスで言えば、左斜め上からの思考なのだ。オンライン企業とオフライン企業では、そもそもの戦い方が違う。オンライン企業ならではの視点と戦い方が、オフライン領域に持ち込まれようとしている。従来型のオフライン企業から見れば、異なるビジネスモデルを持つ異業種との戦いに等しい。そのパラダイムの違いに気づかないまま戦えば、いつのまにか顧客をオンラインへと奪われてしまうことになり兼ねない。だからこそ、一刻も早く店舗至上主義から脱し、オムニチャネルというチャネル変革に留まらず、本格化するオンライン企業との戦いに備え、マーケティング変革を起こさなければならない。

オフラインに軸足を置いてきた企業には、顧客の購買体験に強いインパクトを与えるリアル店舗という強みがある。そしてここまでの事例で見てきた通り、オフライン企業がオンラインに基点を築き、そこからチャネルシフトを起こすことは可能である。

では、オムニチャネルの時代がすでに到来し、これを前提としたチャネルシフトという戦いが始まっている中、どのように自社独自のチャネルを設計すればよいのだろうか。

次章からは、チャネルシフトを実践する企業の、もっと具体的な「戦い方」に焦点を当てていこう。ここまで確認してきた要点に基づいたフレームワークを示し、企業の事例を分析する。チャネルシフト時代にどのような視点でチャネル設計をすべきかを、より実践的に理解できるはずである。

KEY 2 : CUSTOMER TIME

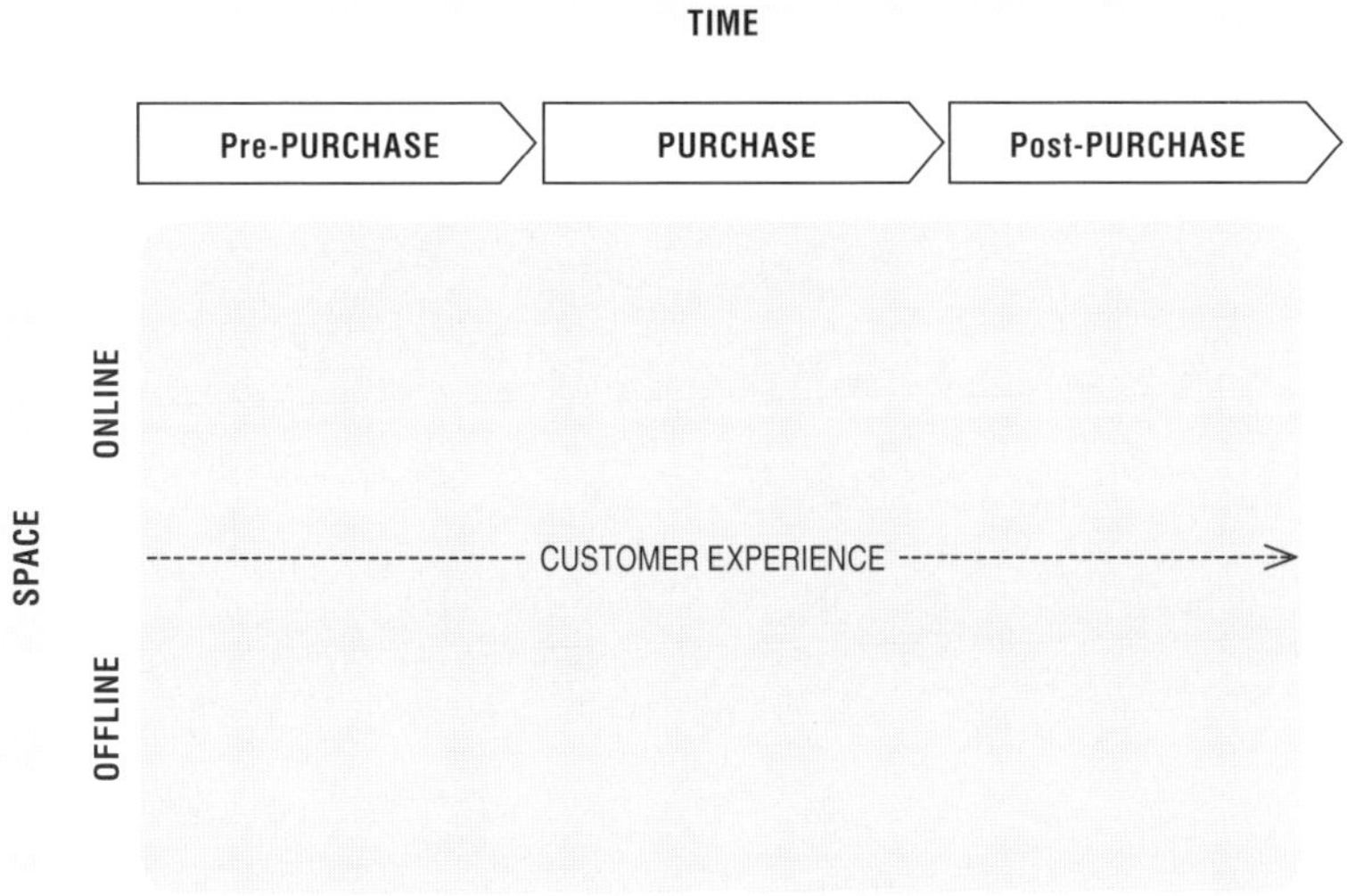

PART

4

購買体験を
デザインする

10

チャネルを行き来する顧客を捉える

PART4では、顧客に独自の購買体験を提供するために、個々の企業がどのような視点でチャネルを設計すればよいのかを考えていく。

単にチャネルをオンからオフへ、オフからオンへと移行させることに価値はない。顧客基点に立ち、提供する購買体験を思い描き、その実現のために自社が強みを持つチャネルを組み合わせることが求められる。そのような取り組みを進める企業こそが、顧客とのつながりを創り、強めることができるはずだ。

まずはオムニチャネル化する顧客を捉えなくてはならない。本書ではその要点として、「時間」「空間」「連携」の3つを提示する。

「顧客時間」に寄り添う

1つ目の要点は、「時間」である。

時間とは、顧客の買い物行動における、「選択↓購入↓使用」のプロセスである。筆者らは、この一連のプロセスを「顧客時間」と呼んでいる。これまでのチャネル設計では、「購入」という瞬間を最も重視し、これをゴールとする傾向が強かった。

しかしこれまで述べてきた通り、チャネルの主導権は顧客に移っている。顧客の買い物行動全体で見れば、購入はゴールではなく通過点に過ぎない。

したがって、購入という「点」だけを見つめていても、顧客とのつながりを築くことはできない。購入の瞬間ではなく、その前後を含めた「(購入に)連なるステップにこそ、マーケティングの重要性がある」(神谷2013)のである。点ではなく線の視点を持って、顧客時間に寄り添うことが必要だ。

企業からすれば、顧客がたどる買い物行動のすべての段階に関与できることが理想だ。「モバイルの登場により店舗ロケーションという制約条件は解かれ、顧客の来店を待たずして、小売業者は積極的に購買意思決定プロセスに介入することが可能」(新倉2015)になっている。例えば顧客の選択段階に入り込んで提案するチャネルがあれば、続く購入段階を取り込むことにつながる。また使用段階で満足度や変化を知るチャネルがあれば、顧客に最適な情報や価格、商品を提案するということも可能だろう。

特に顧客の使用段階に関わるチャネルを持つことは、顧客を維持し育成していくために重要である。顧客とその企業やブランドとの関わりは、購入ではなく使用段階において最も深まるからである。これからのチャネル設計では、使用段階まで顧客と関わるチャネルを持ち、顧客にとって魅力のある一連の購買行動をデザインすることが求められる。

「空間の壁」を越える

2つ目の要点は、「空間」である。

空間とは、そのチャネルの所在がオンラインかオフラインか、である。ここまで述べてきた通り、顧客はオンラインかオフラインの店舗を選択して買い物をするのではなく、オンラインとオフラインを行ったり来たりしながら買い物をしている。例えばデジタルカメラの購入を検討している消費者がいたとして、何の情報も持たずにいきなり店舗に行き、商品を購入する人はもはや少数派だろう。大半の消費者は購入前にネットで情報を検索する。そのままオンライン店舗で購入するかもしれないし、オフライン店舗で購入するかもしれない。

重要なのは、自社の強みであるチャネルを有効に活用し、顧客とのつながりをつくることである。オンラインに強みがある企業なら、既存のオフラインに存在したチャネルを見直し、オンラインのチャネルへの投資に振り替えることも考えられる。例えばパンフレットやチラシなどではなく、何らかのオンラインのチャネルに変更できれば、顧客が何を求めているかという選択段階の行動を知る手がかりが得られる。お客様相談センターだけでなく、オンラインでのレビューなども分かれば、顧客の使用段階での率直な評価をさらに広範に知ることができる。

チャネルを「連携」させる

3つ目の要点は、「連携」である。

顧客体験を軸とした個々のチャネルの連携は、チャネル設計において最も重要である。顧客時間に寄り添い、オンラインとオフラインの空間にチャネルを配置するだけでなく、それらが一体となってどんな「購買体験」をもたらすのかを、意思を持ったストーリーとして描き出すことが求められる。したがって設計の段階で描くチャネルは、自社のコントロールが効くチャネルが中心になる。

すなわち、ストーリーの「主役」は、あくまでも顧客である。顧客がどのような購買体験を得られるのかが、デザインの軸になる。「良い体験」は、主人公である顧客を取り巻く時間の経過と空間（場面）によって形づくられる、という考え方だ。

そして、ストーリーを描く「主体」は、あくまでも企業である。チャネルを用意し、そこをたどることによって得られる購買体験を主体的に描き、顧客に提案する。不足しているチャネルがあれば、これを新たに開発することも含まれる。「最も重要なのは、顧客の周りにいくつものタッチポイントをつくるだけでなく、顧客が1つのチャネルから別のチャネルに移るときシームレスな経験を提供」（Kotler 2017）できるかどうかである。

以上の3つの要点を踏まえて、チャネルを設計するためのフレームワークを、ここで図示しておく。これは顧客時間に寄り添い、オンラインとオフラインの双方のチャネルによって、購買体験をデザインするためのツールである。本書ではこれを、「顧客時間のフレームワーク」と呼ぶことにする。

横軸は「時間」である。「選択→購入→使用」という、顧客の一連の買い物行動プロセスを示している。縦軸は「空間」である。企業が顧客に提供するチャネルが、オンライン・オフラインのどちらにあるのかを示している。中央には、その企業が戦略的に配置するチャネルのつながりと、どのような購買体験をつくるのかを俯瞰して描けるようにしている。

顧客時間のフレームワーク

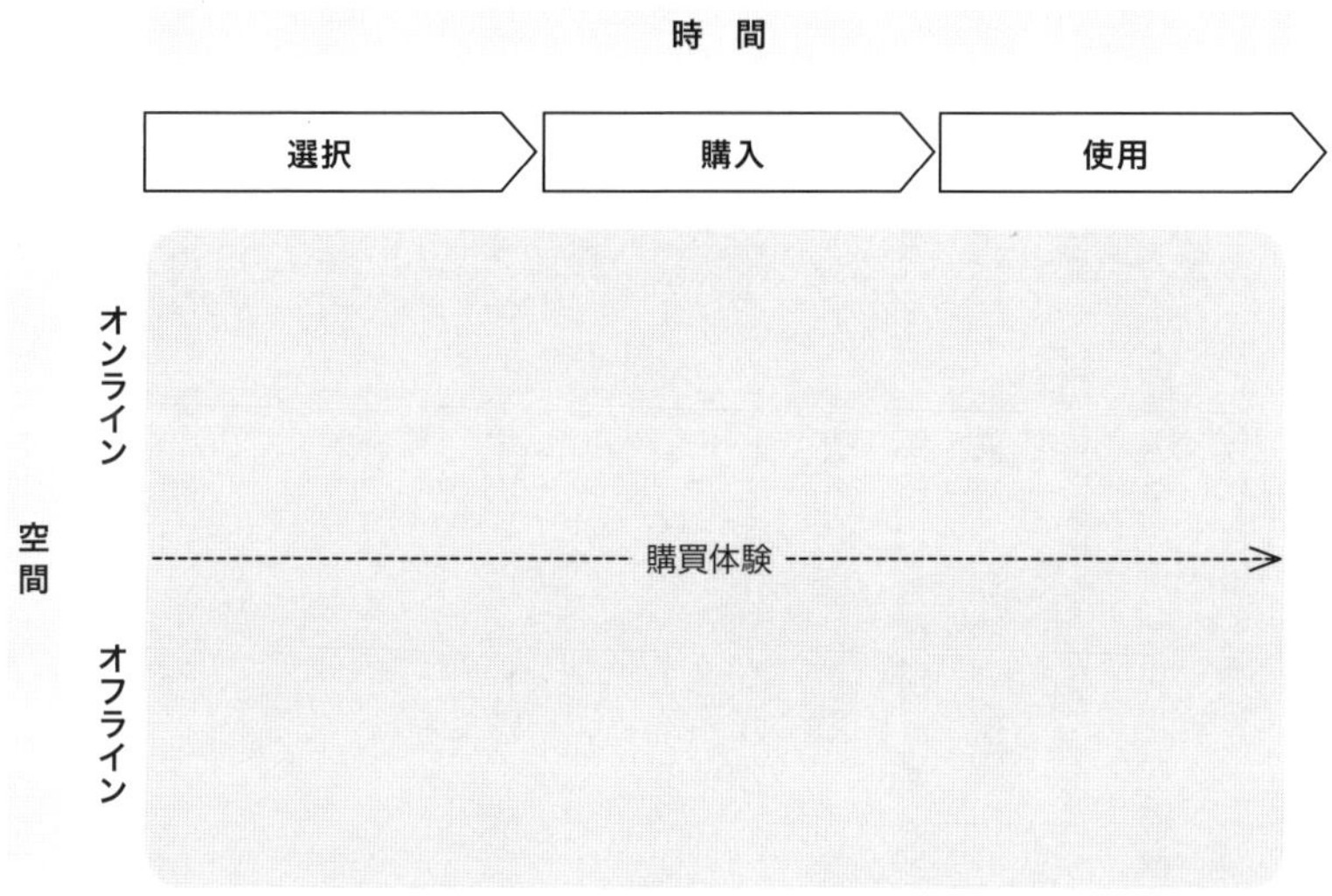

これは筆者らが実践から着想したフレームワークである。筆者・奥谷が、良品計画でオムニチャネル化に取り組んでいた時に開発したものがベースになっている。その考え方を発展させながら、これまで多様な企業で活用し、それぞれが目指す購買体験を描いてきた。

部署横断の視点を持つ

このフレームワークを活用するメリットは、異なる役割や事情を持つ部署が、横断的な視点を持って議論できる点にある。

オンラインとオフラインという空間、または購入時点と購入前後という時間は、部署としても社内的に分断されて考えられてきた傾向が強い。例えばオフライン店舗に強みを持つ企業ほど、オンラインにあるチャネルを店舗に接続する発想を持つことは難しい。また通販を長く手がけてきた企業でさえ、選択段階は宣伝部、購入段階は事業部、使用段階はCRM部といった具合に、顧客時間を複数の部署が分割して管理していることもある。時間と空間を結合したチャネルを設計するためには、部署横断の視点を持って討議することが欠かせない。「オンラインとオフライン、購入前と購入後のチャネルを連携させ、顧客にシームレスでポジティブな購買体験を提供している状態」を共有しておくのだ。

このとき、部署横断の視点を持つための要点は、「顧客基点」に立ち戻ることしかない。企業基点で語っている以上、異なる達成目標や事情を抱える部署間の話し合いは、平行線をたどったままになる。

しかし顧客のことを想う気持ちは、各部署が共通している。いったん同じ視点を持ち、顧客のために何をすべきかを話し始めることができれば、これまでにない発想が生まれることが期待できる。

本章では、このフレームワークを事例分析のレンズとして活用する。他社の戦い方を事例として観察するだけでなく、1つのレンズを通すことによって体系的に捉えるのである。

では、チャネルシフトを実践する企業が、時間と空間の壁をまたいで、どのように独自の購買体験を作り出しているのかを見ていこう。

顧客時間の重要性

顧客時間という考え方

他社の戦い方を見る前に、ここで「顧客時間」という考え方について、もう少し詳しく解説しておこう。

顧客がネットとリアルを行き来しながら買い物をする時代、顧客の買い物行動プロセスの可視化に対する実務家のニーズは強い。スマートフォンを活用してオンラインで商品購入前の情報探索・選択を行う「ウェブルーミング」。あるいはその逆の行為としてオフライン店舗で情報収集・選択を行い、スマートフォンからオンラインで購入する「ショールーミング」。

筆者・奥谷はこのようなモバイル端末を中心にした買い物行動を考察する上で「顧客時間」という考え方を提唱してきた。顧客の消費者行動の流れ（選択↓購入↓使用）を時間軸で捉えようという考え方である。

小売業では購入の瞬間にのみ注力しがちで、オフライン店舗で購入データしか取れない企業が多いため、売れば終わり（買ってくれれば終わり）という発想に陥りやすい。

しかしオムニチャネル化する顧客を捉えるためには、その行動を時間軸で把握し、購入の時点だけでなく、いかに選択段階・使用段階に入り込めるかが重要となってくる。この3フェーズを企業としてオンライン、オフラインを問わずに把握していくことができなければ、オムニチャネルを前提としたチャネルシフト戦略は実現できない。

顧客時間という考え方を筆者らが意識するようになったのは、早稲田大学ビジネススクールで、顧客関係マネジメントや消費者購買意思決定モデルを学んだからである。「それをもっとシンプルに伝えられないか？」「マーケティング戦略のフレームワークとして活用できないか？」と考え、顧客の意思決定を大まかに3段階に区切ってマーケティング戦略を構築する手法として、「顧客時間」という考え方を2010年頃から実践において積極的に活用している。

この顧客時間に似た概念は、実務の世界には以前から存在する。

スカンジナビア航空CEOとして活躍したヤン・カールソンが「真実の瞬間」という言葉を最初に提唱し、その後に顧客時間と同じような考え方に進化発展したものがある。それは事前購買段階（ZMOT：Zero Moment of Truth、真実のゼロの瞬間）、購買段階（FMOT：First Moment of Truth、真実の第1の瞬間）、事後購買段階（SMOT：Second Moment of Truth、真実の第2の瞬間）と段階ごとに顧客の意思決定プロセスを捉える考え方だ。

ＦＭＯＴはＰ＆Ｇが提唱し、店頭が購買意思決定の最終場面として重要であり、ここに真実の第１の瞬間があるとした。これを踏まえてグーグルが２０１２年に提唱したのがＺＭＯＴである。ネットが身近になった現在の消費者は、店に足を運ぶ前の時点ですでに、ネットでの下調べを通じて意思決定を済ませていることが多い。ＺＭＯＴとはつまり、店に足を運ぶ前の下調べにおいて起きる意思決定の決定的瞬間のことを指す。

ＳＭＯＴは商品を購入した消費者が、実際にその商品を使用し体験することを指し、この体験がまずいものだった場合、次からは選んでもらえない。Ｐ＆Ｇでは顧客が製品（または製造者）を評価する機会は大きく２度あるとしており、１度目をＦＭＯＴ（店頭）、２度目をＳＭＯＴ（体験）としている。

顧客時間とは「カスタマー・ジャーニーを通じた経験」そのもの

いまではモバイルデバイスを活用することで、これらの各フェーズを可視化することが技術的に可能となっている。ただしＺＭＯＴという概念が以前から存在するということは、顧客はモバイルデバイスの普及以前から、必ずしも店頭で買い物行動のすべてを完結させていたわけではなく、店舗以外でも行っていたことがモバイルの普及によって明らかになっただけとも言える。

　それは世界のマーケティング研究者によって、「カスタマー・ジャーニー」という考え方として注目されるようになった。彼らは「顧客経験（カスタマー・エクスペリエンス、CX）」や「カスタマー・ジャーニー」を重視する立場から、「選択↓購入↓使用」という買い物行動プロセスを時間軸のもとでいかに設計すべきかという議論を行っている。

　ボストンカレッジのKatherine N. Lemonとオランダフローニンゲン大学のPeter C. Verhoefは、昨今のモバイルチャネル利用の急速な拡大において、顧客は様々なチャネルやメディアを通じて、無数に存在する企業との「タッチポイント」に接しており、ポジティブな購買体験の創造と提供を実現するために、複数存在するビジネス機能や、外部パートナー機能を統合して管理する必要性を提唱している。

　簡単に言えば、オンラインとオフラインを行き来する顧客にシームレスな購買体験、ポジティブな購買体験を提供することを考えなさい、ということである。具体的には、購買前、購買中、購買後という3点でどのようなタッチポイント、体験設計をすべきなのかを考えるべきだというわけである。

4つのタッチポイントを押さえよう！

LemonとVerhoefの論文には、筆者らが考えている顧客時間に似た概念図が出てくる。両氏は、カスタマー・ジャーニーは時系列で蓄積されるため、顧客経験を「ブランド・オウンド」「パートナー・オウンド」「カスタマー・オウンド」「ソーシャル／外部」という4つのタッチポイントで管理すべきであるとしている。

ブランド・オウンド・タッチポイントは、企業のコントロール下で設計ならびに管理、提供される顧客とのインタラクションの場である。小売業で言えば店舗やウェブサイト、自社で出稿する広告などが挙げられるだろう。

パートナー・オウンド・タッチポイントは、企業とそのパートナーによって共同で設計・管理・統制される、顧客との相互作用の場である。ここはメーカーにおいては小売店・卸売業者・物流業者も関係してくる。例えば、アマゾンのECプラットフォームとの関係性、販売商品、プロモーション手法も顧客への重要なタッチポイントとなる。

カスタマー・オウンド・タッチポイントは、企業、パートナーあるいは他の人が影響を与えたり、制御ができない顧客の行動が該当する。顧客同士のリアルな口コミや独自のファンクラブ形成などが該当する。このようなコミュニティに企業がどう関わっていくのか、そこで何が

カスタマー・ジャーニーと経験のプロセスモデル

Katherine N. Lemon and Peter C. Verhoef

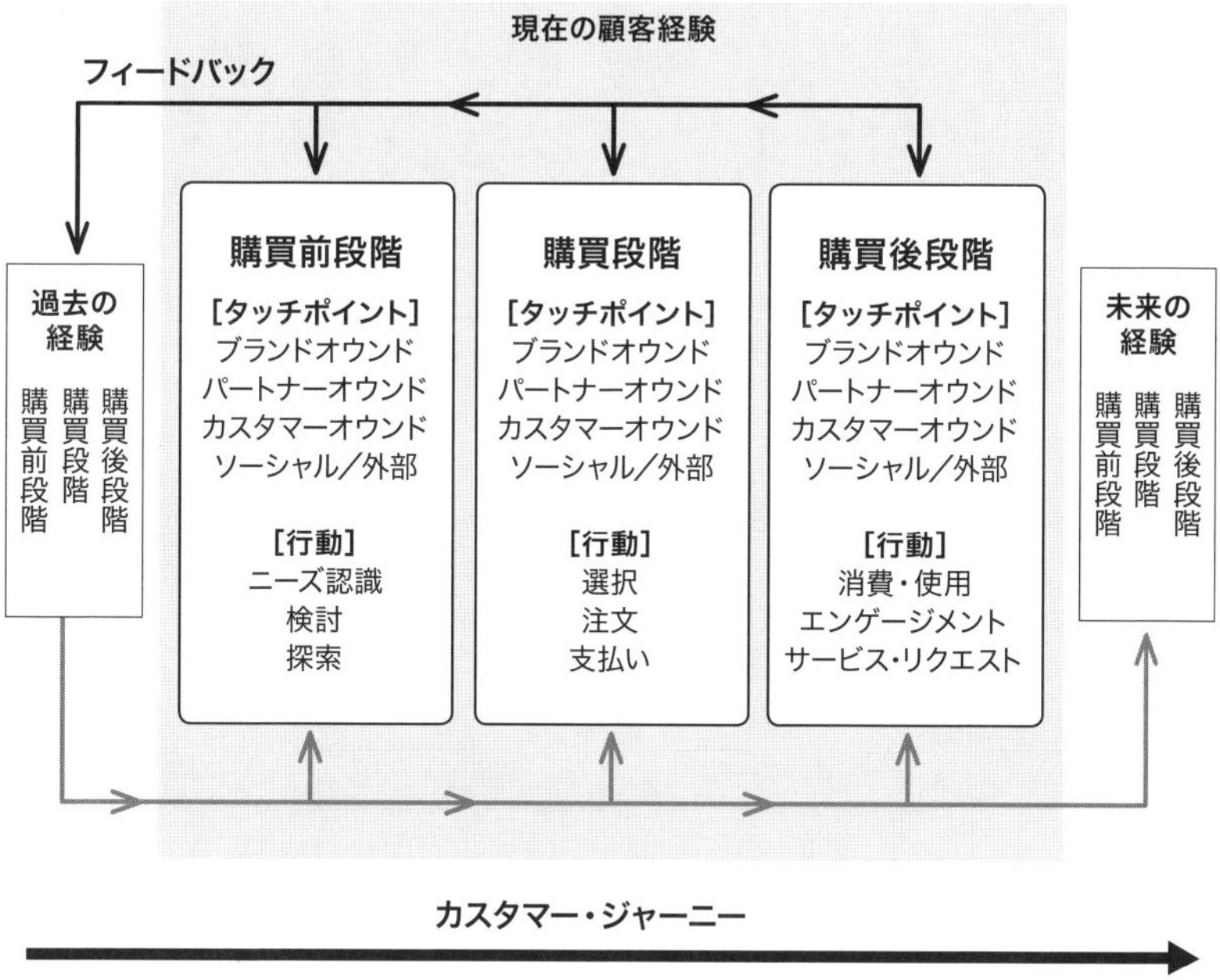

語られているのかを把握することも重要だ。

ソーシャル／外部のタッチポイントは、顧客経験において重要な役割を持つ。顧客はカスタマー・ジャーニーの最中、他の顧客・他の情報源・環境などの外部のタッチポイントに取り囲まれる。またレビューサイトやソーシャルメディアも、顧客に影響を及ぼす。顧客のコメントや他の顧客の態度がマーケティングの成否を左右する時代である。

ある調査によると、いまでは「マーケティング・コミュニケーションよりもFファクター（friends＝友達、families＝家族、Facebook fans＝フェイスブックのファン、Twitter followers＝ツイッターのフォロワー）が信頼されるという」（Kotler 2017）。

つまり、ブランド・オウンドとパートナー・オウンド・タッチポイントは企業に主導権があり、カスタマー・オウンドとソーシャル／外部タッチポイントは、顧客に主導権がある。

企業のコントロールが効かないこれらのタッチポイントで、いかに顧客とのエンゲージメントを高めるかも、しっかりと企業として検討しておく必要がある。

現代のマーケターには、複雑なチャネル間のバランス設計が求められている。顧客時間をめぐるこのような考え方とタッチポイントの理解に基づき、デジタルマーケティング戦略はもちろん、従来のマーケティングも設計されることが必要になっている。

11 購買体験による囲い込み

THE MELT
グリルチーズサンドを一番おいしく提供

米国の外食産業においてチャネルシフトを起こし、既存のオフライン企業に対して、新しい戦い方で挑んでいる企業がある。米サンフランシスコの市内にある、グリルチーズサンド専門店「ザ・メルト（THE MELT）」だ。一見どこにでもありそうな普通のファストフード店だが、外食産業でのチャネルシフトにいち早く取り組んだ、先駆的な存在だ。

ザ・メルトの購買体験における他社との大きな違いは、顧客時間の選択段階に、アプリという選択チャネルを送り込んでいることだ。

ザ・メルトの創業者ジョナサン・カプラン氏は、IT業界を出自とする人物だ。かつて、小型低価格で誰でも簡単に撮影できることから一世を風靡した、「フリップ・ビデオカメラ」という製品があった。いまや動画もスマートフォンで撮影する時代だが、当時としては革新的だったこのカメラの製造会社を立ち上げたのが、カプラン氏だった。カプラン氏は旧態依然とした外食産業に、テクノロジーによって新たなビジネスモデルを創り出そうと考え、ザ・メルトを創業した。
ザ・メルトの価値は、「ランチタイムに、できたてのグリルチーズサンドがすぐ買える」ことである。そのためのオーダーシステムと、それによって実現している購買体験が秀逸なのだ。

オーダー→スキャン→エンジョイ

ザ・メルトは自社が提供する購買体験を、ＯＲＤＥＲ→ＳＣＡＮ→ＥＮＪＯＹという３ステップで説明している。まず顧客は来店前にアプリを起動して商品を選択し、「ＯＲＤＥＲ」を完了する。チーズバーガーやサンドイッチ、サイドオーダーなどから食べたい商品を選んでオーダーすると、最寄りの店舗案内と共にＱＲコードが付与される。

[THE MELT] 筆者撮影

店舗に到着したら、アプリに表示されるQRコードを、店頭のリーダーで「SCAN」すれば購入完了。店内のモニターで、自分のオーダーが出来上がってくる順番が確認できる。あとは出来上がったアツアツのグリルチーズサンドを受け取り、そのままオフィスに持ち帰ってもいいし、店内のイートインスペースで「ENJOY」することもできるというわけだ。

つまりザ・メルトは、来店前にオンラインで選択を行わせ、オフラインの店舗で購入させている。ザ・メルトがファストフード業界で起こしたチャネルシフトは、セコイア・キャピタルなどの米大手ベンチャーキャピタルからの注目を集めて多くの投資を獲得し、西海岸を中心に店舗数を拡大している。

「価値のない時間」を大幅に短縮

ちなみにザ・メルトのオンラインシステムは、来店前の決済も可能だ。ただし、店舗から数キロ以内でないと完了できない仕組みになっている。これは遠く離れた場所から愉快犯的に注文されるのを防ぐと同時に、顧客に最寄りの店舗に注文してもらうことで、ちょうど食べごろのタイミングで料理を提供できるからだ。

ランチの時間に店頭で並ぶのは大好きだ、という顧客はあまりいない。「店内でゆっくり過ごしたい」「オフィスに持って帰ってから食べたい」など、顧客が求める価値は圧倒的に購入の後にある。店で待つ時間は、できれば短いほうがよい。ザ・メルトのプレオーダー・システムは、顧客にとって価値の少ない待ち時間を大幅に短縮することで、これまでになかった購買体験を実現したのだ。

そしてザ・メルトから見れば、顧客の選択段階に入り込むことで、顧客を囲い込めるという利点がある。通常のファストフードであれば、顧客の検討は街を歩いている時に行われる。ランチなどの際に、オフィスの最寄りの店舗を目指していくこともあるだろうが、その店にたどり着く前に心変わりして、他店へ行ってしまうかもしれない。あるいは店にたどり着いても、そこが混雑していれば、やはり他の選択肢を考えることになる。つまり選択肢の多いオフィス街で、ランチを提供する外食店にとって、来店前に顧客を囲い込むことはかなり難しい。

しかしザ・メルトの顧客は、待ち時間が少なくて済む店舗であることを知っているので、躊躇なく来店前に意思決定を済ませてしまう。ザ・メルトはマクドナルドやスターバックスのような強いブランドとは言い難いが、顧客のスマートフォンにアプリというチャネルを埋め込むことによって、強い顧客とのつながりを築いているのだ。

THE MELTの顧客時間

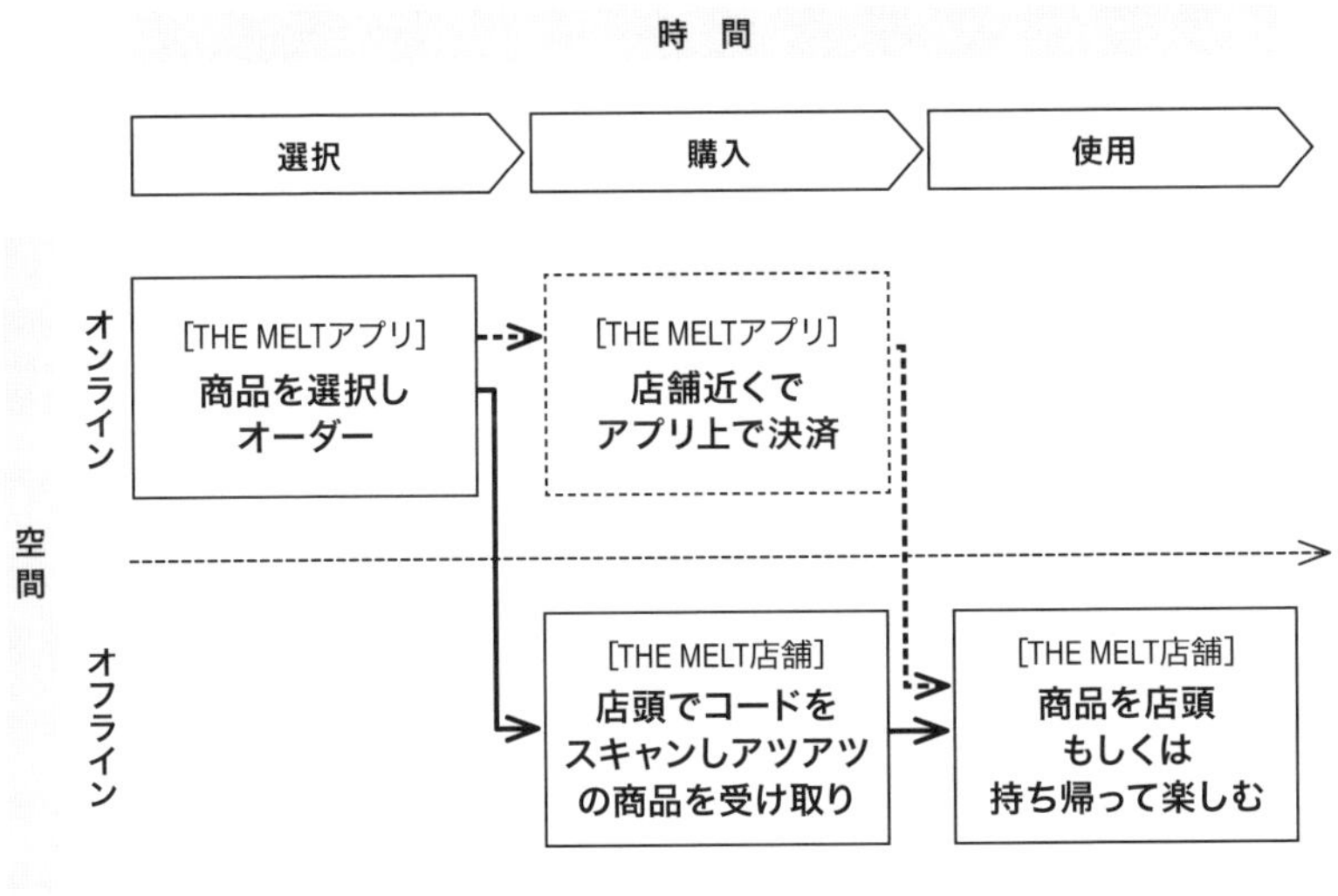

商品特性と購買体験の整合

ザ・メルトが提供する購買体験は、グリルチーズサンドというメニューと整合している。冷めても味は変わらないサラダなどの料理だったら、顧客は宅配のほうに魅力を感じるかもしれない。ザ・メルトの場合は、店舗に立ち寄るという行為自体に「おいしいブランド体験」があるからこそ、顧客はオフラインの店舗に行く。この事例には、もし自社がオフラインの店舗を持っているとしたら、これをどう活かすかの示唆が溢れている。

そして来店前から顧客とのつながりを築くことによって、ザ・メルトは従来の外食産業にはない、新しい強みを持つ店舗を実現している。多くのオーダーはアプリで、支払いは店頭でのスキャンで完了するため、ザ・メルトの店舗のレジカウンターは小さい。従来のファストフード店のように、オーダーを取るためだけの大きなカウンターや、常時レジに張り付いている大勢の店員は見当たらない。店員が担うタスクはシンプルになり、多くの時間を料理することに集中できる。

さらに大きな違いは、店舗スペースが小さくて済むという点だ。プレオーダーを特徴としているため、小規模な店舗でも、回転率を上げ効率的に顧客に対応できる。そして小さい店舗は、出店コストの抑制につながり、オフィス街の中心地などのより良い場所への出店が可能になる。これがさらに顧客の利便性を上げ、多くの顧客を引きつけることにつながっている。

この店舗のあり方は、従来のファストフード店とは、まったく異なる。例えばマクドナルドは、繁華街の好立地に大型店を出し、顧客を吸引している。それは資本力があって初めて可能な店舗戦略である。そしてその大型店舗のオペレーションを可能にするのが、練り上げられたマニュアルであり、きたえられた店員であろう。これに対してザ・メルトはこのような大手が持つ店舗や店員ではなく、顧客の買い物行動をデザインし直すことによって、好立地での出店と、回転率の高い店舗を実現している。

他社が既存の店舗の機能拡張として、プレオーダー・システムを模倣することは、もちろん可能だ。事実、スターバックスなどは全米でのプレオーダー・システム導入を加速しており、すでにモバイルオーダーは全体の9％に上っているという。しかしこういった企業が、これまで培ってきた大型店舗や店員という資産を捨ててまで、「購入に特化した小型・好立地店舗」にすべての舵を切ることはしないだろう。ザ・メルトは独自のチャネル設計によって、ライバルがひしめくファストフード業界において「効率的な勝ち方」を実現していると言える。

DIFFERENCE
オーダースーツを簡単に楽しくパーソナライズ

紳士服のコナカが新たに展開しているスーツストア「ディファレンス（DIFFERENCE）」も、顧客時間に注目したチャネル設計で顧客に独自の購買体験を提供している。クリエイティブディレクターの佐藤可士和氏がトータルプロデューサーを務め、商品・サービスの開発やフラッグシップショップのデザインを手がけていることでも話題になった。

ディファレンスの魅力は、「誰もが自由に楽しくスーツをパーソナライズ」できることであり、「全く新しいオーダースーツ体験」を掲げている。その言葉通り、オンラインとオフラインを組み合わせて、従来にはない購買体験を実現している。

顧客はまず専用アプリをダウンロードし、どのようなスタイルやデザインがよいかを事前に選択して、店舗に来店予約を入れる。予約した日時に最寄りの店舗におもむくと、選択しておいたスタイルに沿った生地が用意されており、こちらの要望を知っているスタッフが応対してくれる。生地の手触りなどを確認し、初回はプロのテイラーによる採寸を行う。店舗で購入・決済すれば、そこから最速2週間で国産のオーダースーツが届くという仕組みだ。さらに登録された採寸データをもとに、2着目以降やシャツなどを、すべてオンラインで選択から購入まで完了することが可能だ。

つまりディファレンスは、来店前にオンラインで選択を行わせ、オフラインの店舗での購入に誘引している。２０１６年に東京・青山で第1号店を開店した後も好調が続き、２０１７年

12月時点では全国で49店舗まで拡大している。

プロのテイラーによる採寸という特別な体験

ディファレンスの購買体験を顧客時間のフレームワークで示すと、次の図のようになる。

このディファレンスでの購買体験において、その特徴は明らかに「オフライン店舗」にある。顧客が予約をしてでもディファレンスに行きたいと思うのは、オフライン店舗でのプロのテイラーによる採寸という特別な体験があるからである。そして購入後に顧客がアプリで安心してセルフカスタマイズできるのも、オフライン店舗で採寸した詳細なサイズデータがあるからだ。つまりオフライン店舗で採寸データを取ることが、顧客をオンライン購入へと取り込むことにつながり、次の選択を促している。

そして2着目以降の購入をアプリに切り出すことによって省力化すれば、さらに対応できる顧客人数は増え、コスト効率は上がっていくことになる。だからこそディファレンスは、魅力ある上質な店舗デザインに力を入れ、「わざわざ予約をしてサービスを受ける」という形式を取り、オフライン店舗に誘引することで顧客とのつながりを築いているのだ。

DIFFERENCEの顧客時間

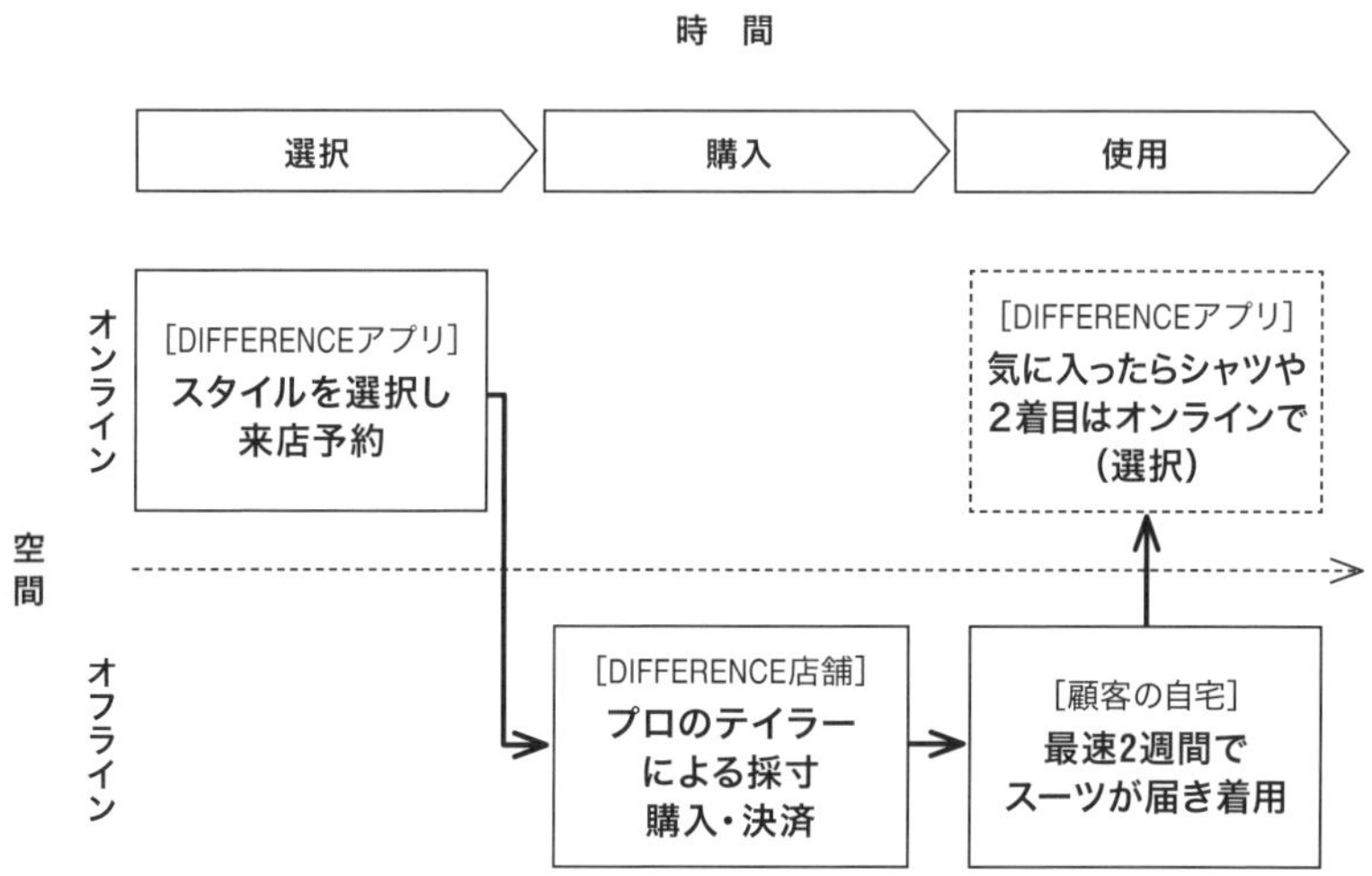

下がったコストを品質向上に回す

ディファレンスは、このチャネル設計によって、従来とは異なる新しい強みを持つオフライン店舗を実現している。本来オーダースーツは顧客対応に時間が掛かるため、1店舗当たりで対応できる顧客人数には限界がある。しかしディファレンスは来店予約制なので、事前にその顧客に向けた商品を用意しておくことができる。店頭ですべてのニーズを聞き出す必要がないので、接客にかかる時間は短縮できるだろう。限られた人員を、顧客にとって価値の高い接客のために活用できるのである。

アプリによる来店予約と、2着目以降の対応をオンラインへと切り出すことで、店舗の運用コストは抑えられる。商品価格は抑えつつも布地などの品質を上げ、これまで価格ハードルが高かったオーダースーツに、新しい顧客層を呼び込む循環をもたらしていると考えられる。

オフライン店舗が磨いた強みを活かす

ディファレンスの戦い方は、単に「オンラインとオフラインの双方で店舗を展開する」という発想とは、明らかに異なる。オンラインとオフラインを組み合わせた一連の買い物行動を、意図的にデザインしている。これによって、他社にはない購買体験と効率良い店舗運営を同時に実現しているのである。

ディファレンスの事例から分かることは、2つある。

1つは、今後のアパレル業界においては、顧客とのつながりをつくるために、サイズデータを握ることは必須条件になっていくだろうということだ。それは、ゾゾタウンがゾゾスーツの提供を開始したことにも符合する。顧客のサイズデータを握ることが、顧客への提案を行うことにも、オンラインを組み合わせた効率的な店舗運営を実現することにもつながっていく。

もう1つは、オフライン店舗の接客ノウハウは、チャネルシフトにおいても大きな武器になるということだ。ディファレンスを展開するコナカ自身は、従来から紳士服店舗を展開するオフラインに軸足を置く企業である。一方、新たにブランドとして立ち上げたディファレンスは、オンラインを中心に顧客とのつながりを築いている。しかしそこには、コナカが培ってきたオーダースーツに対応する人材や技術が活かされている。

ボノボスの例でもそうだったが、チャネルの進化とは、必ずしも店舗の無人化を意味しない。オンラインを柔軟に組み合わせたチャネル設計によって、オフライン店舗のタスクをシンプルにできれば、顧客にとって価値のある接客に集中できるようになる。すなわち、そこで求められるのは接客の高度化であるということだ。

ディファレンスの事例は、オンラインを基点としながらも、オフライン店舗の強みをチャネルシフトにおいてどう活かすかを示す、モデルケースと言えるだろう。

WARBY PARKER
「購入前に使用できる」メガネ店

顧客時間に関する３つ目の事例は、メガネ業界からだ。ワービー・パーカー（Warby Parker）は、２０１０年に創業したスタートアップ企業である。オンライン店舗を基盤としながらショールーム型店舗も展開するという、独自のチャネル構造を持っている。２０１５年にはFast Companyという米メディアが発表している「世界で最もイノベーティブな50社」で、アップルやグーグルを抑えて、1位にランキングされた。いまや年間売上は1億ドルを超え、急成長を果たしている。

ワービー・パーカーの特徴の1つは、フレームを自社製造することで価格を95ドルからと安く抑えている点だ。さらに社会貢献にも積極的で、売上の一部をＮＰＯに寄付し、発展途上国の人々に視力検査の仕方やメガネの販売手法を教えるという活動にも取り組んでいる。

［WARBY PARKER］筆者撮影

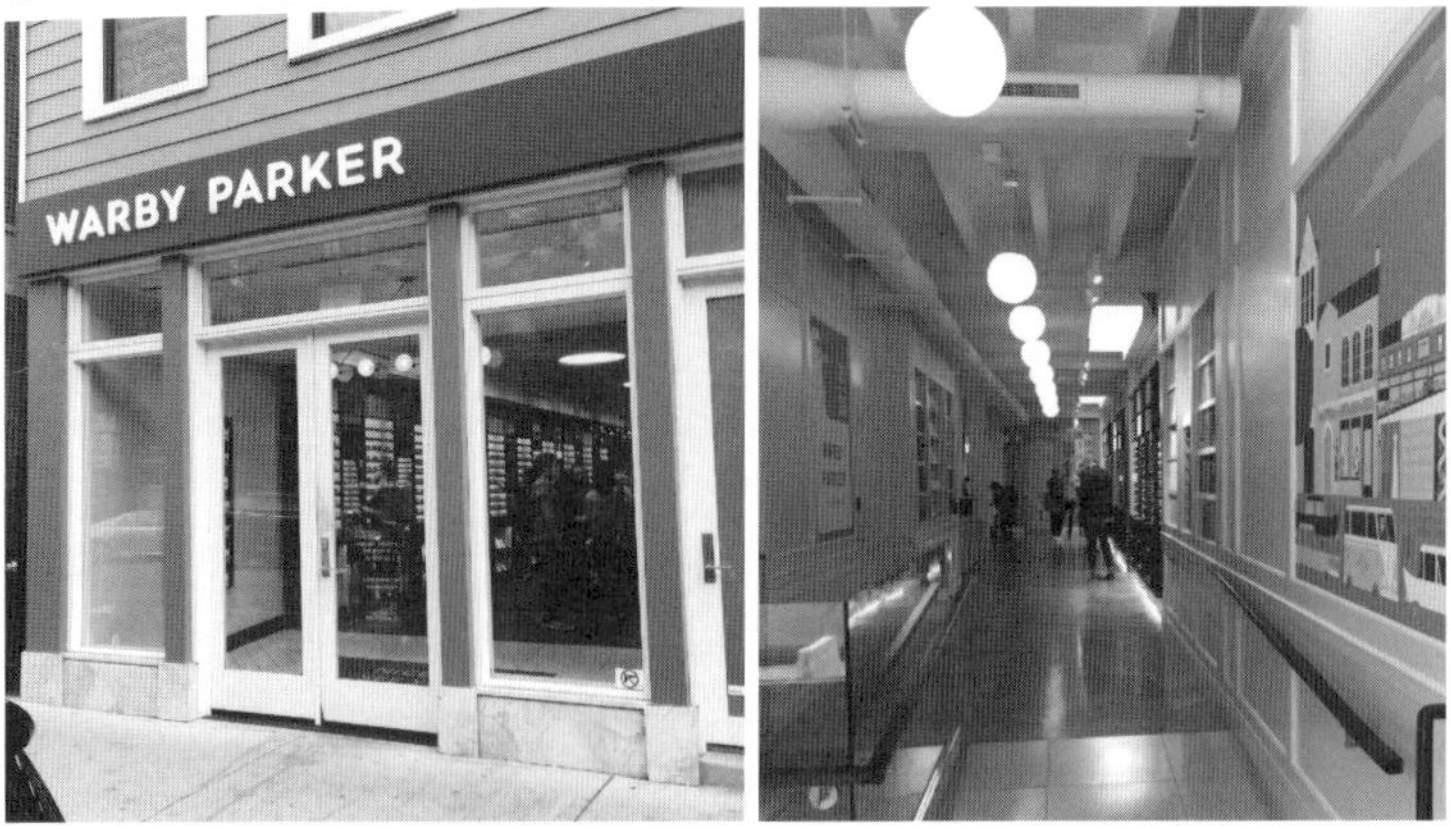

しかしその革新性の真髄は、チャネル設計にある。ワービー・パーカーはオフライン店舗で選択・購入することが当たり前だったメガネ業界で、ネットとリアルの融合による、新しい購買体験を実現したのだ。

オフライン体験の重要性を認識

ワービー・パーカーは、米国各地にショールームを構えている。顧客は店員のアドバイスを受けながら商品を選んで試着し、気に入ったものが見つかれば店のｉＰａｄから発注する仕組みだ。つまりオフラインで選択し、オンラインで購入する形だ。また、スクールバスを改造した「移動店舗」を走らせ、全米各地を回るというユニークなチャネルも展開している。

ワービー・パーカーはオンラインに軸足を置く企業でありながら、顧客がメガネという商品を選ぶ際に、オフライン空間での体験がいかに重要かを理解している。

体験重視のチャネル設計は徹底しており、顧客が店舗に来ない場合でも、その購買プロセスの中にオフライン体験を組み込んでいる。それが、自宅でメガネの試着ができる「HOME TRY-ON」という仕組みだ。

まずサイトで簡単な設問に答えると、ワービー・パーカーがメガネをレコメンドしてくれ、自宅に5つまでサンプルが無料で届く。顧客はこれらのサンプルを、一定の日数、自由に使用できる。メガネは人の印象を大きく変えるアイテムなので、いろいろな服と組み合わせて試したり、人の意見を聞いてみたりしたくなるものだ。そこでワービー・パーカーは、サンプルを使って自撮り写真をSNSにあげるように推奨している。ワービー・パーカーのハッシュタグを付けて投稿すると、友達だけでなく、ワービー・パーカーからもコメントがもらえるという仕組みだ。

最終的に1本を選んだら、オンライン店舗で視力検査の結果をつけて注文する。サンプルはすべて送料無料で返品でき、手元には真新しいメガネが届くというわけだ。

ワービー・パーカーのチャネル設計の特徴は、買い物行動のプロセスを「選択→購入→使用」から「使用→選択→購入」に組み替えている点だ。メガネは日用品や洋服のように、年に何度も購入する商品ではない。いくら価格が下がったとしても、「失敗してもいい」という気持ちにはならない。視力検査の処方箋を伴うため、わざわざ店舗に行くという面倒さがある一方で、やはりどうしても、オンラインだけでは不安が残る。そのような顧客にとって、ワービー・パーカーでの購買体験には大きな価値がある。同じメガネを買うにしても、チャネル設計によって、顧客を強くひきつけているのだ。

WARBY PARKERの顧客時間

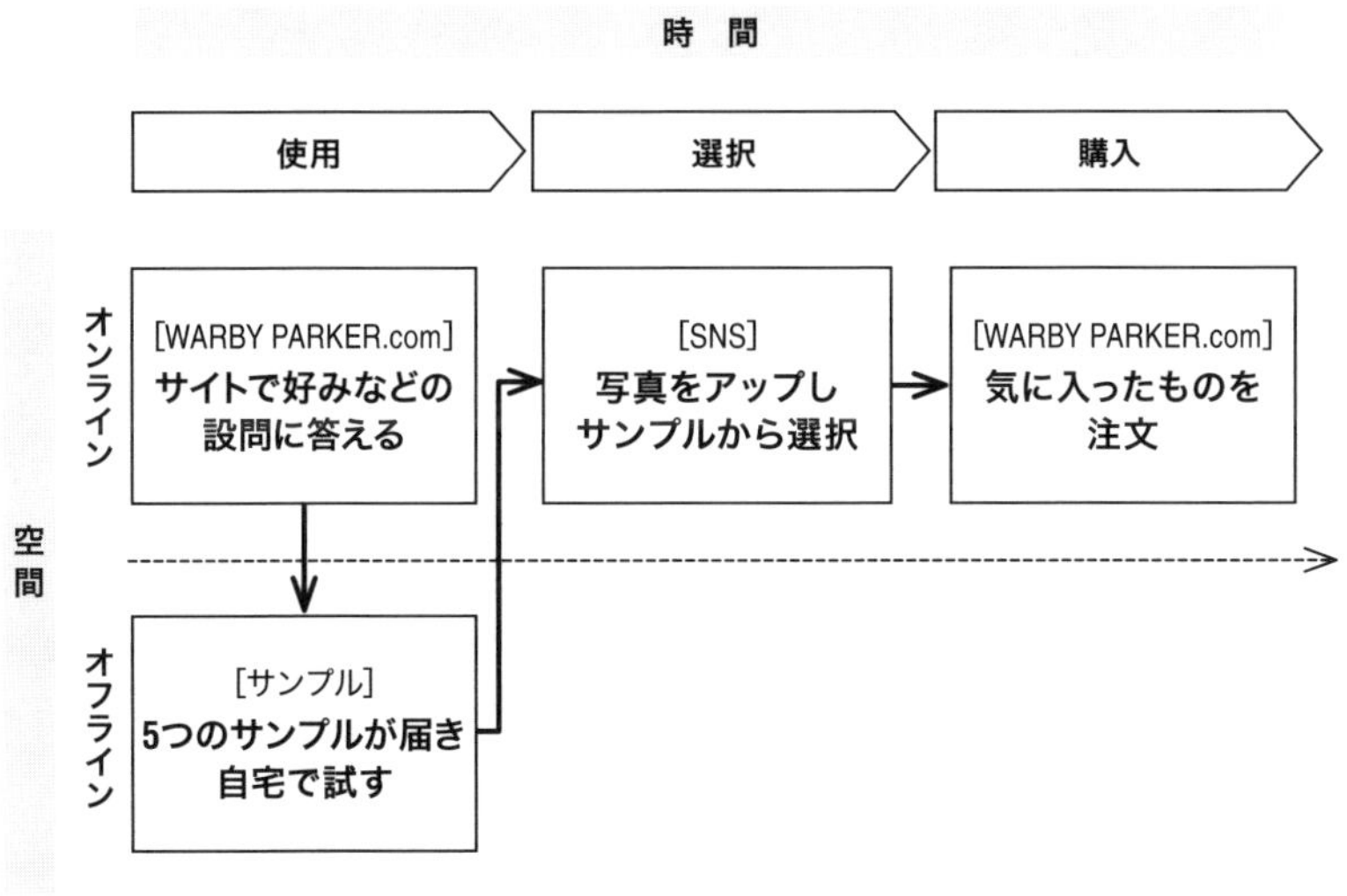

「つながりのハードル」を下げる

使用段階を前に持ってくるこの戦い方は、顧客の不安をなくすだけでなく、顧客との最初のつながりをつくるハードルを大きく下げている。ワービー・パーカーは、顧客の氏名や住所や好みを入力してもらう代わりに、サンプルを届けて提案するという対話を通じて、顧客とのつながりを最初の段階で築くことに成功している。

このつながりが、購入前に商品を身につけた写真をSNSにアップしてもらうという、ワービー・パーカー独自の販促策をつくりだしている。SNSで友人やワービー・パーカーからのコメントを受けることで、選択した1本への愛着も深まっていく。

また顧客がサンプルを使用してみて、どれを選び、どれを選ばなかったのかというのは、貴重なデータだ。このプロセスを多くの顧客と繰り返すことで、ヒットする商品の予測も立てやすくなる。商品のデザイン開発のためだけにリサーチを行ったり、ヒットするかどうか分からない商品を大量に製造したり、在庫を売り切るために広告を打ったりする必要はない。これらが95ドルからという圧倒的な低価格を実現することにも、つながっているはずだ。

「購入前に使用」が当たり前になる!?

ワービー・パーカーの事例からは、2つのことで発見がある。1つは、オフラインでの使用体験を重視し、買い物行動プロセス自体を組み替えるという発想である。「購入前に使用する」というチャネル設計は、物流の進化によって他のオンライン企業にも広がってきている。

アマゾンはファッション・カテゴリーで「返品0円」を導入し、「自宅で、自由にフィッティング」を打ち出している。試着後に最大30日間返品が可能で、返品・返送料も0円というシステムだ。顧客は気になったものをまとめて注文しておいて、気に入らなかったものをすべて返品する。これはもはや返品システムというよりも、購入前に試着するための仕組みである。

ワービー・パーカーのチャネル設計は、まさに「購入前に使用する」というこれからのトレンドをいち早く捉えたものと言える。

もう1つは、このようなチャネル設計が適用できる業界は、ほかにもありそうだということである。メガネやアパレルといった嗜好性の高い商品は、企業から見れば返品のリスクが高く、顧客から見れば失敗のリスクが大きい。先に体験させることで顧客とのつながりをつくることが可能になれば、ビジネスを有利に進めることができる。ファッション・アイテムでは、前述したル・トートなどもレンタルという形を取って商品を先に体験させ、購入へのハードルを下げている。インテリアや高額な耐久財にも、この発想を使ったチャネル設計はあり得そうである。

PART

5

無印良品のつながり

12 MUJI passport
顧客時間を可視化するチャネル

では顧客に新しい購買体験を提供し、顧客とのつながりを創り出すチャネルを、どのように開発していけばよいのか。

ここでは無印良品が２０１３年から展開しているMUJI passportを取り上げる。MUJI passportは、筆者・奥谷が前職の良品計画時代に開発を主導し、無印良品のファンとのつながりを深くすることを目指したものだ。その体験から、新たなチャネルを開発する上での教訓と、それによる効果を考えたいと思う。

MUJI passportとは、簡単に言うとロイヤルティプログラムのアプリ版である。多くのスーパー等でプラスチック製のカードで行っているポイントやマイルの付与を、スマートフォンのアプリで可能にした。店頭での購入時にアプリのバーコードをスキャンすると、1円につき1マイルが付与される。このマイルがある程度までたまると、有効期限付きの金銭価値のあるポイントを付与するという仕組みだ。(例えば20000マイル取得すると、200円分のポイントが1カ月の有効期限で付与される)。

ファンのための「入り口」を用意

このチャネルをアプリという形で作ったのは、「顧客とのつながり」をつくり、顧客時間を把握することが目的だった。

2013年5月以前の無印良品では、店頭で販売された商品名、数量は把握できたが、「誰が買ったのか」「なぜ購入したのか」「買った後、お客様は満足されたのか」を知る術は限られていた。

筆者・奥谷は2010年にWEB事業部の部長になった際に、ネットストアのある特徴に注目した。それは、オンラインなら顧客時間の把握が容易であるということだ。例えばグーグルからは、顧客が「無印良品」をどういうときに検索しているかを知ることができる。メールを送信すれば、どの程度開封されているのかも知ることができる。もちろん、ECサイトに来てくれれば、どの商品を選択・購入したのかが把握できる。ECサイト内にあるmy MUJIというクチコミプラットフォームに商品レビューを書く人もいる。1人ひとりの顧客時間を把握するにはＩＤの特定が必要ではあるが、オンラインの強みとは、このように「選択→購入→使用」という顧客時間が大まかでも把握できることなのだ。

ネットで把握できる顧客時間を何とかオフラインの世界で把握できるようにできないかと考えた結果、開発されたのがMUJI passportだ。最大のメリットは何と言っても、顧客のオンライン世界への入り口である、スマートフォン上で動くということだ。

現代の顧客はいつでも、どこでも、好きなブランド、気になる商品があれば、オンライン上で検索を始める。無印良品が好きな顧客に、わざわざグーグルの検索窓から「無印良品」に入ってもらうような面倒なことをするくらいなら、アプリという「無印良品への扉」を提供し、いつでもワンタップで入れる環境を作ったほうが、他のブランドよりも強いつながりを築くことができる。

さらに、アプリをわざわざダウンロードする顧客は、無印良品が好きな人である。ＭＵＪＩファンであり、おそらくは購入単価も高い顧客とのつながりを持つことは、売上を安定的に上げることにつながると考えた。事実、MUJI passportユーザーの客単価はMUJI passportを使わない顧客より高い。

顧客と店の双方とも理解が深まる

そして、顧客が日本中のどこにいても、アプリを通してオフラインの店舗情報、店頭の在庫情報が確認できるようにすることで、顧客の選択段階にスムーズに入ることができる仕組みも構築した。そして、アプリを開いた履歴や購入履歴からは、顧客の無印良品の利用頻度がわかる。最近来店していない顧客には、セール情報などをプッシュ通知で知らせることもできる。定期的に顧客とのコミュニケーションを行うのにアプリは最適だと考えたのだ。

また最低限の顧客情報として性別や年齢を入れてもらい、SNSとのID連携や無印良品のクレジットカードとのID連携機能を入れ込むことで「誰が何を買ったのか」という購入データの把握ができるようになり、売れ筋商品が理解できるようにした。この機能がもたらした効果は、「無印良品の顧客＝30代の女性」というステレオタイプな認識をもう少し細かく分析し、売れ筋商品ごとに確認できるということだ。

MUJI passport開発当初は、企業によるアプリ開発はまだ一般的ではなかったが、いまや無印良品のレジを通過する顧客の30％近くがMUJI Passportを利用している。またアジアを中心に、日本以外でも展開が進んでいる。小売業でアプリを活用したロイヤルティプログラム導入の先駆的な事例であり、無印良品における顧客理解を進める役割を果たしている。

13 開発秘話　5つの教訓

お財布の中ではなく、スマホの中に入り込もう！

MUJI passportの開発背景を自ら書面に残すことは初めてであるが、改めて振り返ってみたい。

MUJI passport誕生前の2012年、筆者・奥谷が率いる良品計画WEB事業部は、SNSを活用したデジタルマーケティングでの先駆的な取り組みが注目を集め、自身もデジタル環境下での顧客とのつながり強化にかなりの手応えを感じていた。

そのような状況の中、とある会議でクレジットカード事業の拡大、売上向上、会員理解に関する議論が行われていた。無印良品のクレジットカード保有者のロイヤルティが高いのは事実であり、購入データもある程度可視化できるが、それらのデータ活用は不十分という現状があった。担当でない私は「人ごと!?」として聞き流しながら、次のようなアイデアを思い浮かべていた。

「カード会員とのリアルタイム、もしくは良いタイミングでのコミュニケーションが可能になれば、顧客とのつながりはさらに強化できる」「そのためには、スマートフォンやアプリなど、顧客とダイレクトにつながるチャネルが必要なのではないか」。そして「クレジットカードやポイントカードは、お財布に入る戦争になる。仮に入れてもらっても使ってもらわなければ意味がない。もしかしたら財布ではなく、現代人がこれだけ肌身離さず持ち歩くスマートフォンの中に入り込んだほうがいいのではないか」と考えた。

このアイデアを部内ミーティングで報告したところ、CRM（顧客関係マネジメント）プログラムをやろうという話になり、その企画を進めたのがMUJI passport開発のそもそものきっかけだった。

Engagement –Mobile App 3.0までの道のり

しかし、CRMプログラムをやろうと決めたものの、2012年時点ですでに複数のアプリを開発してきた経験から、当初は新しいアプリを作ることには懐疑的だった。過去のアプリ開発は、実はあまりうまく機能しなかったからだ。

無印良品のモバイル・アプリの歴史を振り返ると、MUJI Passportは、いわば「３・０」にあたる。つまり、「１・０」と「２・０」という失敗の歴史があった。

APP1.0　コモディティ商品のアプリ化

最初のアプリ開発はMUJI CalendarとMUJI notebookである。当時はｉＰａｄがデビューしたばかりだった。良品計画の経営陣、アドバイザリーボードメンバーから、「カレンダーやノートといった無印良品が展開しているコモディティ商品はアプリ化していくだろう」という示唆を受け、カレンダーとノートのアプリを開発することになった。開発メンバーには各業界のトッププレイヤーが集い、錚々たるメンバーでキックオフした。

アプリのデザインや機能は、素晴らしいものであった。しかし、いかんせん社会から見て早すぎる取り組みであり、結果としてなかなか顧客に受け入れられなかった。やはり無印良品のステーショナリーは優れているし、当時のｉＰａｄで違和感の

[MUJI calendar]

ないノートの書き心地を実現するのは難しかったのだ。

またアプリ開発のベースプラットフォームはアップルとグーグルが握っており、開発の際には審査が入る。審査するということは、両社が世界中のカレンダーアプリ、ノートアプリに関する知見を得ることができるということだ。それに比べれば競争は不利だ。よほどの機能、差別化要因がない限り勝ち抜くことは難しい。さらにOSがアップデートされるたびに、アプリでバグが発生しないようにメンテナンスすることにも運用コストがかかった。

当時はそれでも、有料アプリにまで進化させて機能強化を試みたものもあったが、今度はダウンロード数が10分の1以下となり、数年たっても赤字解消には至らず、開発費用を最終的には清算した。やはり、何でもアプリ化すればよいわけではないと痛感させられた経験だった。

↓教訓1「競争力のないチャネルは、生き残れない」

［MUJI notebook］

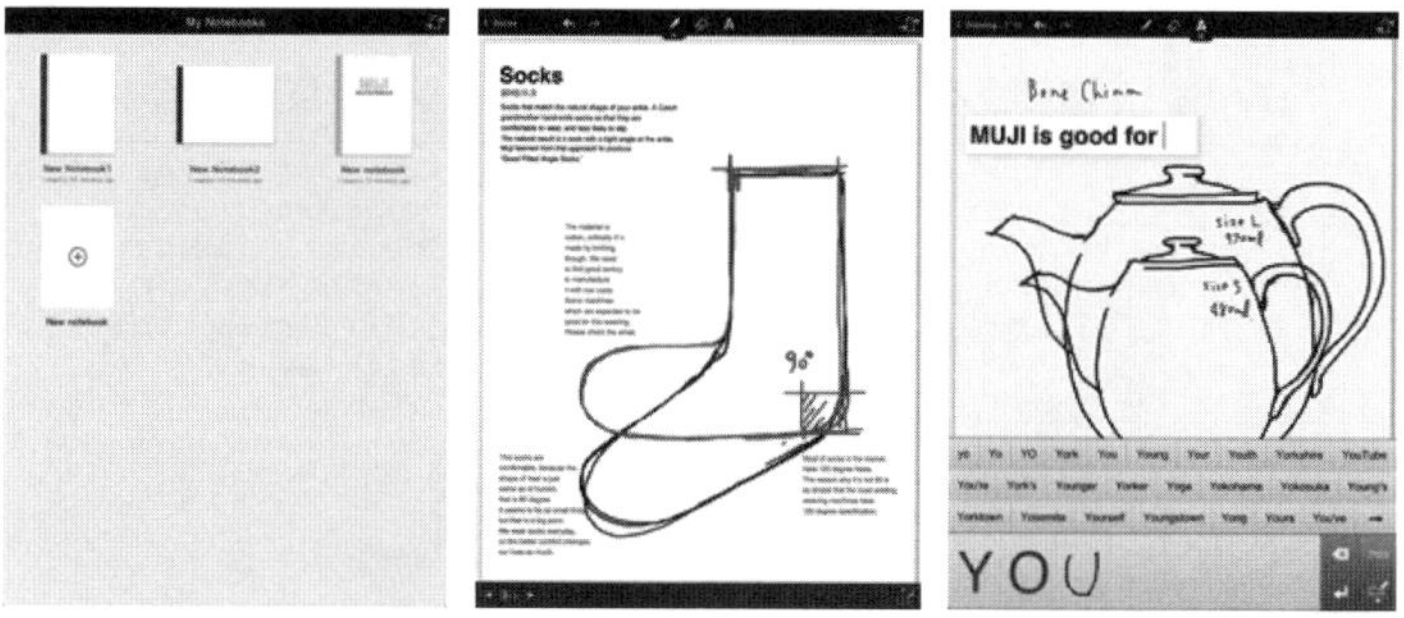

APP2.0　キャンペーン連動型アプリ開発

この経験を生かすべきだったわけだが、当時ＳＮＳを活用したマーケティング施策で顧客とのつながり強化施策がうまくいっていたこともあり、またもや過ちを犯してしまう。当時、無印良品が発売した「家」の認知拡大とフェイスブックでのファン数拡大を目的に行った、「ぜんぶ、無印良品で暮らそう。」キャンペーンが行われた。無印良品の家に２年間無料で住めるというものだ。ここでも調子に乗って、アプリを開発してしまったのだ。

キャンペーン自体は、成功に終わった。「無印良品の家」のフェイスブックのファン数は増え、当選者の方はその家をご自宅として購入され、２年間のアンバサダー記録を出版してくださった。顧客との長期間にわたるコミュニケーション・コンテンツとして成果を上げることができたわけだ。

しかし、その時に作ったアプリがいただけなかった。「好きな場所に『無印良品の家』を建てられる」というこのアプ

[「無印良品の家」で展開したキャンペーンアプリ]

リは、無印良品のロゴマークをスキャンすると、スマートフォンをかざした空間にヴァーチャルリアリティとして無印良品の家が現れるという代物だ。キャンペーン中はある程度の認知も取れ、SNS等でもシェアが散見されたが、特に顧客とのつながりが深まるわけでもなく、キャンペーンの終了とともに日の目を見なくなった。いわゆる「幽霊アプリ」と化したのだ。

背景には、2012年あたりからアプリ開発ベンダーも増え、開発コストが低減し、このようなキャンペーンアプリが作りやすくなったという環境があった。しかし何の役にも立たないアプリを、顧客は何日も何カ月もスマートフォンの中にとどめておいてはくれない。安く作れるからといって、顧客に寄与しないアプリを開発・維持することはまさに費用の無駄、マーケターの自己満足にしかならない。

iPhoneアプリにおける月間アクティブユーザー数ランキングなどを調べてみると、明確な事実がわかる。それは上位のアプリはほとんど「人と人とがつながるSNS系のアプリ」か「情報探索行為を行うアプリ」ばかりということだ。もちろん、ゲームなどもダウンロード数トップに上がってくることはある。しかしいずれも、顧客が能動的に「使いたい」「その世界に入り込みたい」という意思があるものがランク上位に躍り出るのだ。

つまり、顧客の課題を解決するものでなければ、顧客は長期間にわたってアプリを保有することはしない。そんな当たり前のことを痛感した。

↓教訓2「顧客の課題を解決しないアプリは、つながりをつくらない」

APP3.0　顧客との永続的な関係構築を目指したアプリ開発

このように、アプリ開発において辛酸をなめてきたので、いったんは「もう二度とアプリ開発はしない」という強い決意を持っていた。顧客との刹那的なつながりを求めて、スマートフォンに意味のないアプリを置いてもらうことは、むしろブランド毀損になる。しかし、「クレジットカード利用者のような無印良品ファンと常時つながる」ために、「顧客の行動データ活用と一体として考える」という議論を経て、改めてアプリを開発する意義を見出した。

アプリでＣＲＭプログラムを行うことのメリット

①顧客とのシームレスな対話

アプリを開発した後も、「顧客の行動データを入手するのであればＩＤ－ＰＯＳを導入して、ロイヤルティカードを発行すればよいのではないか。アプリの必要はないのでは？」と社内外の人から聞かれることが多かった。

しかしアプリの大きなメリットとして「コミュニケーションの容易性」がある。ID-POSでも、顧客が何を買ったのか、どんな商品が好みかは確かにわかる。しかしそこで獲得できるのは、いわば「購入データ」という「点」に過ぎない。カードホルダーの顧客へのコミュニケーションはダイレクトメールや、せいぜいeメールだ。つまり購入データだけを取っても、顧客との対話が生まれないのだ。対話が生まれなければ、顧客とのエンゲージメントは深まらない。

一方、アプリであればプッシュ通知での提案が可能になり、顧客のそれに対する反応も判断できる。顧客はいちいちメールなどを立ち上げることなく、アプリだけでシームレスな対話が可能になるのだ。

↓教訓3「顧客の行動データを取っても、対話が生まれなければ意味がない」

②圧倒的なコスト効率の実現

さらにアプリのダウンロードコストは実質0円だ。顧客が自らアプリを検索して、ダウンロードしてくれれば、その時点から顧客とのコミュニケーションのタッチポイントが形成される。

そして顧客数が増えても、無限に拡張できる。

これがプラスチック製のカードだったらどうか。カード発行枚数が増えれば増えるほど、カード発行コストが膨らむ。仮に1枚10円としても、アプリの100万ダウンロードと同じ数だけカードを発行したら、1000万円のカード発行費用がかかることになる。

アプリももちろんアップデートや運営コストはかかるが、カード発行に比べればコストパフォーマンスは圧倒的に良い。

↓教訓4「すぐれたチャネルは、顧客管理のコストを下げる」

③顧客IDの統合

さらにアプリとしてCRMプログラムを開発した理由は、もう1つある。それは企業内に存在する「ミニCRM」の統合だ。「ミニCRM」とは、企業が発行するハウスカード、クレジットカードの顧客情報、SNSでつながっている人たちの顧客情報、オンラインストアでつながっている顧客情報など、バラバラに管理されているCRMを指す筆者の造語だ。ミニCRMが乱立すればするほど、顧客とのつながりは細分化されて見えなくなる。CRMを効率化するためには、顧客IDを統合する必要があった。

ちなみにCRMという言葉は、学術的に見ても2000年代から本格的に議論されてきたものであり、当時のイメージはというと、「高コストをかけて大企業が行うこと」というものだった。概念は理解できるが、コストパフォーマンスが合わないため、大手企業にしかできないということだ。

しかし、2010年以降アプリ開発が進んだことで、CRMの民主化、コモディティ化が進んだ。スマートフォンを活用すれば、仮にベンチャーであっても、CRMの実施は可能になったのだ。

では大手企業がアプリを持つ際の優位性は、どこにあるのか。それが、いままでコストをかけて別々のデータベースに蓄積してきた顧客情報を「名寄せ」し、アプリに統合することだ。そうすることで、顧客の多面的な理解が可能になり、顧客とのつながりが強まっていくことになる。

顧客情報が統合ができれば、より多面的な顧客分析も可能になる。例えば、「その顧客はネットストアでお買い物はしていないのだろうか?」「彼らはカードホルダーではないのだろうか?」「Social IDでブランドとつながっていないのだろうか?」などを知りたくなる。

ただし、気をつけなければならないのは、これら別々に存在するIDの統合には大きなコストがかかるということだ。顧客が多ければ多いほど、顧客への事前の告知や顧客の混乱への対応など、多大なオペレーションコストがかかる。

そこで筆者はＩＤ統合を強制的に進めることをやめ、各ＩＤをMUJI passportにつなぐことが顧客のメリットとなるインセンティブを用意することで、「緩やかなＩＤ統合」を行うことを考えた。

マイレージプログラムを活用したＩＤ統合

まずはネットストアと店舗のＩＤの統合だ。これをシステム上で統合しようとすると膨大なコストがかかる。しかし顧客のネットでの購買データと、店頭での買い物データを連携するだけなら、それほど多くのコストはかからない。

そして、顧客にとっても統合はメリットがある。MUJI passportのＩＤとネットストアのＩＤを紐付けしてくれると、両方でマイルが獲得できるからだ。

さらに、無印良品のクレジットカードのホルダーはもともとライフタイムバリュー（顧客生涯価値）が高いことがわかっていたので、MUJI passport導入時に年2回５００ポイントを付与することに決め、この告知をアプリで行うことにした。

幸いにも無印良品のクレジットカードには、会員ＩＤがカード番号以外にも存在した。その

MUJI passport / MUJIマイルサービスの概要

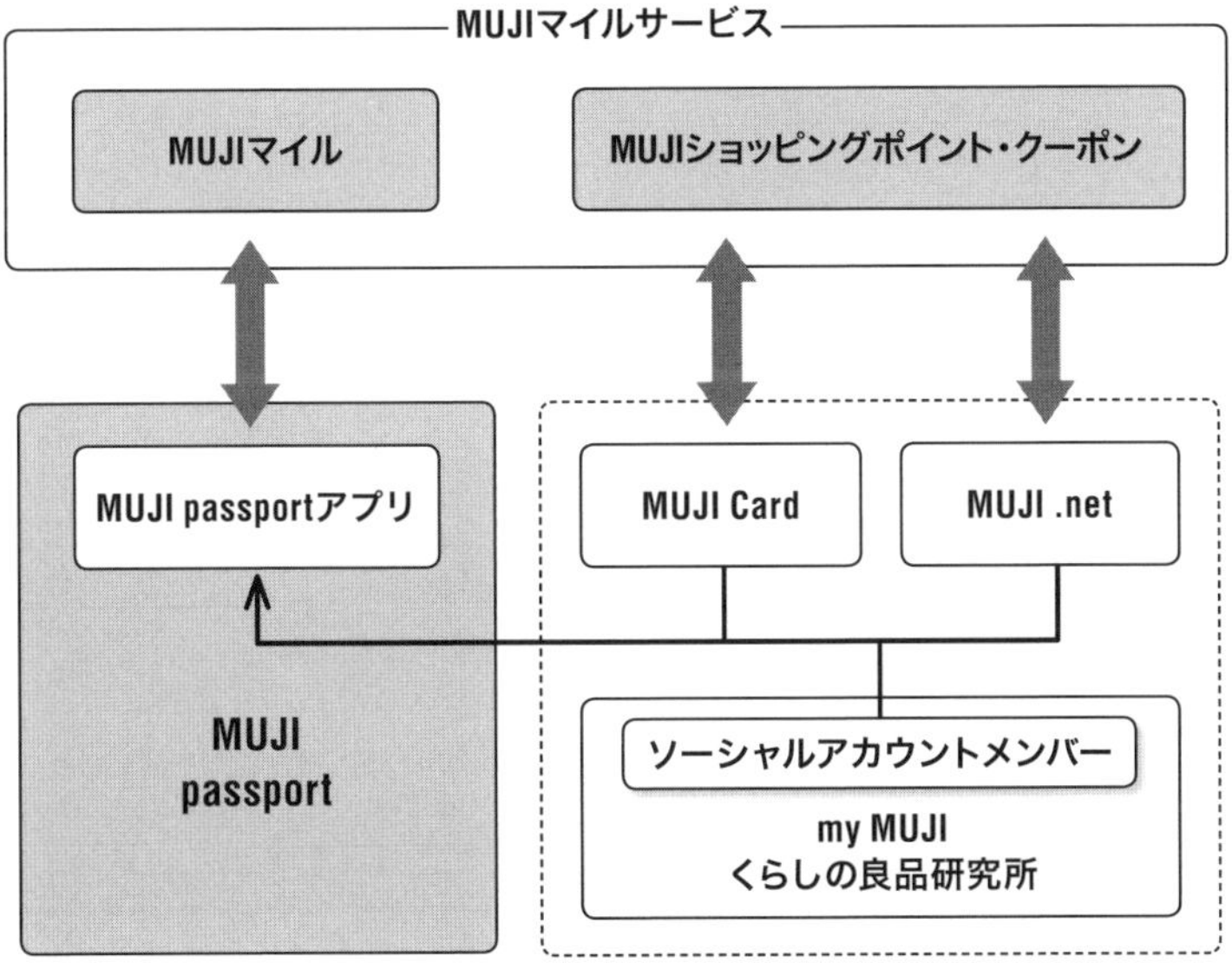

従来から存在するミニCRM（クレジットカード、ネット会員、
ソーシャルメディア）をアプリで統合。
顧客時間の全体を把握する。

会員ＩＤをMUJI passportに紐付けしてもらうと「来店しなくてもポイント付与が確認できる」と告知したのだ。カード番号はセキュリティの観点から企業が保有するリスクがあるが、会員ＩＤであればそれほどのリスクはない。このようにメリットが明確であれば、顧客は能動的にＩＤの紐付けを行ってくれる。

加えてソーシャルＩＤとの連携も行った。こちらはポイントなどの大きなメリットはないが、顧客がスマートフォンを買い換えた際に、アプリのＩＤとＰＩＮコードがわからずマイルやポイントが消滅したとのクレームが多かったので、「ソーシャルＩＤと紐付けすることで、コールセンターに連絡してもらえれば、いつでもMUJI passportのＩＤを復元できる」ことを告知した。また、ソーシャルＩＤを活用したキャンペーンに参加することでマイルが貯まったり、フェイスブックなどのプロフィール写真をMUJI passportでも使用できたりといった仕組みも導入した。

もちろん、MUJI passportのユーザーが全員ＩＤの紐付けをしてくれるわけではない。実際の結果は、各ＩＤごとにせいぜい20～30％程度の統合率だった。それでもマーケティング上は大きな意味がある。ある程度の母集団が出来上がるので、統計的な分析に値するデータとなるのだ。

ＩＤ統合を真面目にシステム的に考えていたら、お金がいくらあっても足りない。もちろんそのほうが良いデータが得られるが、統計的に類推することができる程度の母集団があれば十分である。データ活用を早く進めたほうが、組織のマーケティングセンスを養うことにつながり、顧客への提案を増やしていくことができるからだ。

↓教訓５「顧客ＩＤの統合は、システム視点ではなく、マーケティング視点で」

14 3つの効果

最後に、MUJI passportの効果を説明したい。

MUJI passportがあることで、顧客の性別・買い物頻度・買い物アイテム・利用店舗がわかるのはもちろんだが、そのような一般的なロイヤルティプログラム的な効果ではない点に焦点を当てたい。

良いアプリはメディアになる

無印良品の場合、MUJI passportをローンチして以来、徐々にチラシの発行をやめていった。小売業において毎週末のチラシにはある程度の来店効果があるため「麻薬」となり、なかなかやめることができない。

しかし、毎週のようにチラシに数千万円を投下するのであれば、数回のチラシをやめてアプリを作るほうが、意義があるように思う。チラシの効果はもちろんあるが、個別のマーケティング施策としての投資対効果を測定することは難しい。アナログなレガシーコミュニケーションを惰性でやり続け、やめる理由が見当たらないから続けているという側面もある。

そもそも、無印良品のようなブランドにおいて、「チラシを見て来た」という人がどれだけいるのだろうか、という純粋な疑問が湧く。ＳＮＳでのコミュニケーション、アプリによるタッチポイント、あれだけ多くの店舗数、歴史とともに培ったブランド知名度、日常生活で目にすることの多い商品の数々。顧客の無印良品とのタッチポイントは、無数にある。チラシはあくまで、その1つに過ぎない。その割には、顧客の行動データは取れないし、高コストだ。

さらに、顧客を取り巻くメディアの変化も著しい。新聞購読をしない層は、都内を中心に増えている。新聞に折り込まれるチラシを見ない人が増えているのに、なぜチラシに頼るのか。もちろん業界特性によって異なるし、高齢者を中心に効果はまだある。紙のメディアには、数日間にわたる情報の「保有効果」もある。すべての業態で、完全にやめる必要はない。しかし、その費用をアプリなどのチャネルに投資するほうが、顧客との対話を生み出せる。

MUJI passportの場合は、アプリ導入から1年近くで、毎日数十万回のアクセスがあるメディアに成長した。そこにプッシュ通知等でキャンペーン告知を行うと、アクセス数が5～6倍にもなる。この時点で、すでにアプローチできる顧客の数はチラシ発行枚数を超え、場合によってはメールの開封率も超えるようになった。

アプリを作るということは、自社のテレビ局を持つようなものでもある。効率的に多くの人にアクセスでき、情報をこまめに届けることができるメディアを持つことは、企業全体の販促の方法を変えてしまう影響力があるのだ。

↓効果1 「企業全体の販促とコミュニケーションを変える」

「購入段階以外の行動データ」を捉える

ＣＲＭアプリは購入データの獲得が主な目的だと考えられがちであるが、それだけであればＩＤ-ＰＯＳと大して違いがないことに気づかない経営陣は意外に多い。それは顧客時間における、「購入段階」を可視化しているにすぎない。これに対してMUJI passportは、無印良品ファンと常時つながるための、様々な機能が追加されている。

まずはチェックイン機能だ。半径６００メートル以内にある無印良品の店舗に「チェックイン」することによって、マイルを獲得できる仕組みだ。６００メートル以内ということは、「来店しなくてもいい」わけだ。「来店もしない顧客にマイルを付与するのか？」とよく言われたが、それでも意味はある。

チェックインはまさに顧客の能動的行為だ。やりたくない人はやらないが、毎日やる人もいる。毎日チェックインする人と無印良品の間には、店舗では望めない毎日の接点と、チェックインとマイル付与というやりとり、すなわち対話が生まれることになる。

チェックイン時間を確認してみると、興味深いことが分かった。圧倒的に、通勤時間が多いのだ。つまり、おおよその通勤エリアと顧客の利用可能店舗が確認できる。また、「チェックインから何十分後に購入するのか？」「チェックインから何分以上経過すると購入しないのか？」もわかる。

これらの情報をマーケティングに活用しているわけではないが、これらの顧客の能動的なアクセスが、無印良品との顧客とつながりを強化していることは事実であろう。

さらに無印良品独自の店頭在庫確認機能が、アプリ利用を促進させている。店頭在庫の可視化は、オムニチャネル化に必須の要件とされている。この機能はMUJI passport導入以前から存在していたものであり、筆者はこの機能をアプリで使いやすくしただけであるが、意外と利用頻度が高い。MUJI passportで在庫を確認すると、顧客がいる場所から何メートル先に在庫があるか、その店舗がどこかを表示できるのだ。

この機能を使う人は確実に購入前、すなわち「選択段階」にあると言える。さらに、この機能を活用して来店したという顧客の声も、店舗側から上がってくるようになった。店頭在庫の可視化、在庫情報へのアクセスの容易化が、顧客の来店促進に貢献することが、実感として持てるようになった。

さらに最近では、各店舗で開催するイベント参加機能がMUJI passportに追加されている。アプリから、店舗で開催されるイベントへの申し込みができるのだ。店舗イベントは参加者が限定され、得られる売上も限られているため、実施に積極的な小売業は少ない。しかし、無印良品はあれだけのチェーンオペレーションを行いながらも、多くの店でイベント開催を行う。それができる無印良品の企業力はさすがと言えるが、同時にMUJI passportからイベント参加する人は「ライフタイムバリュー」、すなわち長期にわたる購買金額が高いことが証明されているのだ。

このようなイベントの効果は数値化が難しく、実施をためらう企業も多い。儲かるかどうかもわからないイベントに腰が引けるのも理解できる。しかし、MUJI passportがあることで、イベント参加という顧客の購入段階以外での行動が、売上に寄与していることがわかったのだ。

デジタルで顧客とつながる効果は、必ずしも顧客を「デジタル解剖」することではない。顧客の「購入段階以外の行動の可視化」が、MUJI passportを導入した大きな成果であったと言えよう。

↓効果2「購入段階以外の顧客時間を可視化する」

社内のセクショナリズムを排除する

MUJI passportのようなアプリがあれば、顧客が何を、いつ、どのお店で、どのくらいの来店頻度で購入しているかの理解が進む。どの商品がどのような顧客によって購入されているのかがようやくわかるようになった。

2013年以前は、特別なリサーチを行わない限り、顧客セグメントごとに何を買っているのかがわからない中で商品開発を進めていた。このような状態が解消されることで、商品開発部門は少し「不都合な真実」に向き合うことになった。30代の女性がメーン顧客とされる無印良品にも様々な顧客ニーズが存在すること、予想していた顧客が商品を買う・買わないが可視化されたわけだ。このような可視化で分析精度が高まれば、商品開発・販売部門で活用することができる。

また、「利用店舗推移」の分析が、店舗開発部門への示唆にもつながった。ある時、特定のエリアで、エリア全体の売上は伸びているものの、「既存店昨年比」が落ち始めていたことがあった。エリア担当者としては由々しき問題ということで、MUJI Passportのデータを使った分析を行った。過去2年間の特定エリア利用顧客の利用店舗推移を見たところ、既存店舗から、エリア内にオープンした新店への移行現象が起こっていることが分かったのだ。

エリア内に新店がオープンしたことが、既存店の売上減少につながったのではないかという仮説は、誰にでも立てることができる。しかし本当にそれが原因かどうかは、顧客の動きを把握できていなければ、実証することはできない。オーバーストアに陥っているエリアは、明らかにスクラップアンドビルドが必要になるが、そのような判断を店舗開発部門の仮説だけで下すことは難しい。このデータ分析の実績から、MUJI passportは店舗開発部門にとっても有用なツールになった。MUJI passportが集約した顧客の行動データが、部門を超えた客観的な判断を可能にしたのだ。

↓効果3「セクショナリズムを超えたPDCAサイクルをもたらす」

ここまでMUJI passportの事例を見てきた。MUJI passportはオンラインとオフラインをつなぎ、新しい購買体験を提供する役割を果たしている。そしてそのことが、顧客とのつながりを生み出し、企業のマーケティングを変える効果をもたらすことがわかっていただけたと思う。

チャネルをオンやオフにシフトさせるだけでは「チャネルシフト戦略」とは言えない。「つながりによるマーケティング要素の変革」こそが、チャネルシフトの真の目的である。

次の章では、ここに焦点を当てよう。

KEY 3:ENGAGEMENT 4P

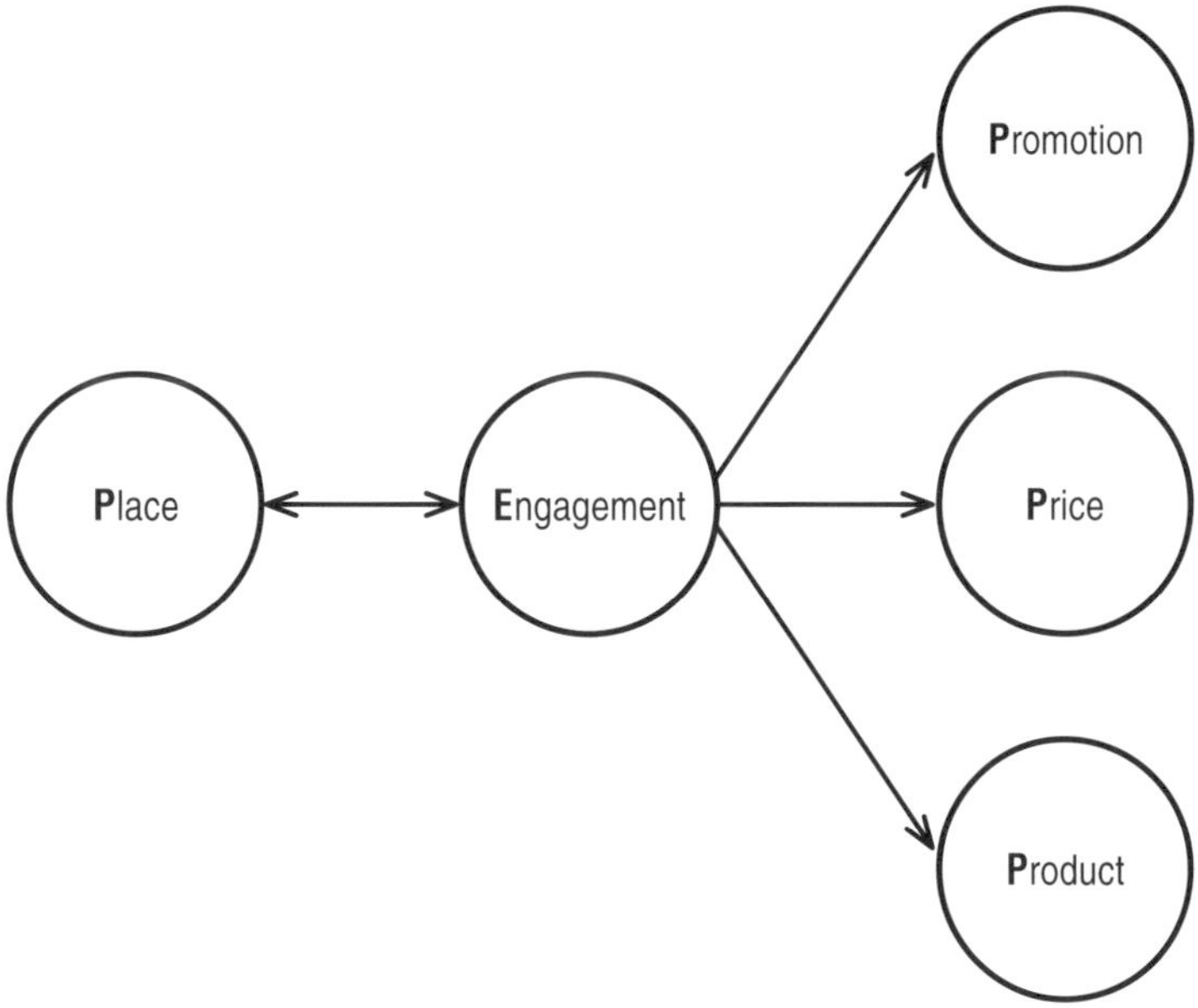

PART

6

つながりが
マーケティングを
変える

15 KPIが変わる

ここまで、チャネルシフトを引き起こしているチャネルシフターの戦い方はどうなっているのかを見てきた。

彼らは、選択・購入・使用という顧客時間に寄り添い、オンラインとオフラインを柔軟に組み合わせ、他社にはない購買体験を描いていた。そしてそれによって、顧客とのつながりを強めていたことが、理解いただけたと思う。

しかしここまでなら、チャネルシフトという現象を捉えたにすぎない。インパクトはその先にある。前述の通り、彼らの真の目的は、チャネル変革ではない。チャネルを起点としてマーケティング要素自体を変革することにある。そしてその成果は、顧客の獲得という形であらわれる。

顧客とのつながりを手に入れた企業は、徹底的な顧客基点の経営へとシフトしていくことができる。顧客を知り、その対話から、あらゆる活動を最適化していく戦い方だ。

評価の軸は「店」から「人」へ

まず、経営におけるＫＰＩが変わる。ＰＡＲＴ３で詳しく述べた通り、オムニチャネル時代が到来し、管理の軸は顧客に移さざるを得なくなっている。すなわち、顧客の獲得を目的とする場合、店舗を軸としたＫＰＩはもはや適切ではない。

店舗を軸とした統制を行っているのであれば、全店舗売上の総和が企業の業績になる。しかし顧客を軸とするならば、企業の業績とは全顧客売上の総和になる。つまり極論すれば、店舗ではなく、「個客」の売上を追求することがＫＰＩになる。

もちろん小売業はすべからく、顧客１人当たり、すなわち「個客」当たりの売上推移も重要な指標として見ている。しかし、それは平均としての顧客単価に過ぎない。問題は、「その顧客が誰なのか」「なぜ来店し、何を購入し、どう使っているのか」を把握できているかどうかである。それが分かっていないとしたら、顧客当たりの売上を上げるために、何を提案すればよいのかがわからない。単に売上を顧客数で割った結果だけでは、「個客」に対する提案には直結しない。

仮に「個客」のことを理解でき、直接的な提案ができたとしても、次には業務効率の問題が発生する。提案を密にして顧客当たりの売上が上がる一方で、店頭での業務負荷が急激に増えたとしたら、収益が上がらない。

言うまでもないことだが、顧客1人ひとりの求めることは異なる。そのニーズをすべて把握し、優良顧客を把握してお得なオファーを出し、その顧客の商品・サービスの使用状況や満足度までを把握することは、容易ではない。だからこそ、顧客の行動データをいかにオンラインで把握し、業務をデジタル化するかという視点が重要になってくるのである。

投資判断の視点がまったく違う

KPIを店舗当たりの売上に置くか、「個客」当たりの売上に置くかは、概念的な示唆に過ぎないように見えるかもしれない。しかしデジタル化を進める上での経営判断においては、決定的な差を生む可能性がある。

例えばアマゾンゴーが導入した無人レジは、日本の小売企業も早くから実験を開始し、実用化に向けた検討を進めている。長時間営業の是非も議論されるなど、店頭の人手不足は深刻である。レジが無人化できれば、店頭業務が効率化できるはずだ、といったことが多くの報道で焦点になっている。あくまでも報道を通じたことなので、各社が無人レジをどのように捉えているのかという真意は、筆者らにはわからない。しかし万が一、「無人レジとは店頭オペレーション効率化のための取り組み」と考えている企業がいたとしたら、その認識はおそらくアマゾンのそれと大きく異なっている。

アマゾンゴーが無人レジを導入した真意は、店頭オペレーションの効率化ではなく、むしろ「個客認証」にある。入り口で来店した顧客を認識し、センサーでその動きを追うことで、店内での選択・購入の行動データを「個客」に紐付けて把握することが狙いだ。

アマゾンは2017年末、日本でも店頭でのスマートフォン決済に参入することを発表した。幅広い店頭でアマゾンのIDを通して決済が行われることになれば、アマゾンにアカウントを持つ顧客が、オフラインでどのような買い物行動を取っているかを購入段階において把握できることになる。これらのデータも、Amazon.comを含めた店舗で活用され、顧客への情報や価格・商品提案に活かされていくことになるだろう。

つまりアマゾンにとって無人レジ導入の目的は、「個客当たりの売上拡大」と考えられる。したがってその投資判断の基準は、「無人レジのコンビニエンスストアによって、個客当たりの売上はどの程度拡大するのか」になる。それがわかれば、あとは店舗を増やして顧客全体へのカバー率を上げていけばよい。

これに対して無人レジの目的を、「店頭オペレーションの効率化」とだけ捉えた場合には、投資判断の基準は、「無人レジによって、店舗運用コストはどの程度減少するのか」になる。前者はまさに顧客を軸とした発想、後者は店舗を軸とした発想である。

この判断の違いは、大きい。前者は売上拡大に対する投資判断であり、後者はコスト削減に対する投資判断になる。一概には断定できないが、投資額、店頭への導入スピード、さらにはそれに連動させる戦略要素が、大きく変わってくる可能性がある。KPIの違いが、デジタル化への経営判断を左右し、時にオンラインから攻め込んでくる《チャネルシフター》の真意をも見落とす要因になるかもしれない。

16 チャネルは変革の起点

チャネルによってつながりを創り強める

繰り返すが、チャネルシフトとは、オンラインでの顧客とのつながりを活かし、オフラインの顧客を争奪する戦いである。チャネル変革は大きな取り組みであるが、それ自体はゴールではない。チャネルで顧客とのつながりを築き、他企業が模倣できない販促・価格・商品を生み出していかなければ、顧客を獲得し、維持することはできない。

この視点からチャネルシフターの事例を見れば、彼らがチャネルの差別化に止まらず、販促・価格・商品などにおいて、新しい強みを手に入れていたことに気がつく。ワービー・パーカーは最初にサンプルを送付し、メガネを試着してＳＮＳにアップさせるという販促手法(promotion)を開発した。ル・トートはレンタルによって顧客の使用データを握ることで、在庫リスクを予測可能にし、「月額課金＋買い取り50％オフ」という新しい課金スタイル(Price)を提案している。ゾゾタウンはゾゾスーツからサイズデータを、オンライン店舗から選択・購入データを、さらに顧客レビューからは使用データを読み取り、他社にはできない魅力的なプライベートブランド（Product）を提案してくるだろう。これらはすべて、「顧客とのつながり」がなければ実現できないことである。

エンゲージメント4P

筆者らは、このような「独自のチャネルによって顧客とのつながりを築き、それを武器にマーケティング要素そのものを変えていく取り組み」を、「ENGAGEMENT 4P」と呼んでいる。すなわち顧客とのつながり（エンゲージメント）によって、マーケティング戦略の要素であるチャネル（Place）・販促（Promotion）・価格（Price）・商品（Product）自体を変革し、他社に模倣できない戦い方をつくりだすというものだ。これがチャネルシフターの、戦い方の本質だ。

この解釈を図示したのが、KEY3として183ページに掲載した「エンゲージメント4Pのフレームワーク」だ。

これまでチャネルは、商品と価格、時には販促をも所与として、いかに現場でオペレーションするかという視点から最後に考えられることが多かった。しかし顧客とのつながりがマーケティング要素そのものを変える力を持った現在、そのつながりを創り出す最前線となるチャネルは、単なるオペレーション対象と捉えるべきではない。むしろ顧客とつながる時代における、新しい「戦略の起点」として認識すべきである。

エンゲージメント４Ｐのフレームワークはこのことを示している。

では、「チャネル（Place）で築いた顧客とのつながりで、マーケティング要素を変革する」とは、具体的にどういうことか。その実践事例を、次節から見ていこう。

17
Place
チャネルを「顧客とのつながり」をつくる場に変える

エンゲージメント４Ｐの考え方から見れば、チャネルは単なる「販売の場」ではなく、「顧客とのつながりをつくる場」へと役割をシフトすることになる。

顧客を知るだけではつながりは生まれない

チャネルシフターの顧客時間を見ると、まさに「チャネルを通して顧客とのつながりを創り、強めている」と言える。留意すべきはチャネルの量ではなく質である。「必要なのは、他社よりも目立つこと、そしてごく少数の重要なタッチポイントで、顧客との有意義なつながりを築くこと」（Kotler 2017）である。

仮に企業側が顧客のことをすべて把握していたとしても、それだけでは、顧客から企業やブランドに対しての心理的・行動的なつながりは生まれない。

例えば店内にセンサーを満載し、来店客の動きを可視化したとしても、それだけでは顧客とのつながりを生まない。もちろん店舗内の什器の配置や商品の陳列、関連性の高い商品の発見などの効率化という意味での貢献はあり、それによって顧客はより良い接客を受けることができるようになるかもしれない。それは大きな経営への貢献ではあるが、店舗を軸とした発想であり、オペレーション効率化の域を出ない。つまり顧客にとって、他社にはない価値のある購買体験につながっているとは言い難く、その企業やブランドとのつながりを築くことには直結しない。

企業は顧客から提供されるデータをもとに、顧客に対しての提案を行っていかねばならない。つまり、顧客からのデータ提供と、企業からの提案という「対話」を通じて、顧客とのつながりを築いていくのだ。

忘れてはならないのは、顧客がその企業を信頼し商品を購入していたとしても、自分に関わるデータまで能動的に差し出すとは限らないということだ。行動を覗き見られていい気持ちのする顧客はいない。それでもデータを企業に提供するのは、もちろん企業に対する信頼は大前提ではあるが、加えて「より良い購買体験・企業とのつながりが実現する」と思うからである。

ル・トートやディファレンスの例を、思い出してみよう。顧客はル・トートやディファレンスに、「他者とは違う、自分だけへの提案」を期待するからこそ、サイズや好みといったパーソナルな情報を直接的・間接的に提供しているのだ。

顧客との「対話」

では、顧客のデータとは、何を把握できればよいのか。データ細目は事業内容や戦略によって異なるが、大前提になるのは「個客を認識できること」である。オンライン店舗だろうとオフライン店舗だろうと、あらゆる接点（チャネル）に顧客が訪れた際に、その顧客が誰なのか「個客」として認識できることが必須だ。そして、その認識のレベルが深いほど、顧客とのつながりが深いということになる。これは言わば、顧客の「プロフィールデータ」である。

それに対して「行動データ」とは、顧客の買い物行動プロセスを可視化できるデータである。例えばどのような情報に触れて商品を選択し（選択データ）、どこの店舗でどんな商品を購入し（購入データ）、その商品をどのように使ったのか（使用データ）、といった履歴である。もちろん、どのような商品を選択せず、購入せず、使わなかったのかというデータもまた、顧客を理解する上では有用である。

アマゾンは顧客にとっての「真のベストセラー」を把握できる

このような買い物行動プロセスの、すべてのデータを把握できるチャネルを実現した例が、「本」というカテゴリーにおけるアマゾンだろう。「本をいつでもどこからでも選択でき、オンライン・オフラインの境なくシームレスな環境で購入でき、好きな時に好きな場所で読書ができる」。これが本に関してアマゾンが提供している購買体験である。

アマゾンは、顧客がどのような本を選択し購入したのかを、履歴としてすべて知っている。そして特筆すべきは、キンドル（Kindle）を通じて、使用実態をも把握できる状態になったことだ。

キンドルは、単なる電子書籍リーダーではなく、アマゾンが顧客の行動を理解するために、書籍の使用（読書）段階に送り込んだ強力なチャネルである。キンドルを通じてアマゾンは、顧客がどのような本を購入したのかにとどまらず、「どの本を最後まで読んだのか」も知ることができるのだ。

例えば子育て中の人は、どんな本を求め、どんな本を買い、どんな本を実際に読んでいるのか。心理学に関心のある人はどんな本を選び、最後まで読んだのか。アマゾンはオンラインでの選択データからだけでなく、キンドルやアマゾンブックスでの購入データ、そしてキンドルでの読書履歴からそれを把握できる。

アマゾンといえど、「本」というモノを売るだけでは、本を買ってからの使用段階には入り込めない。唯一、本に対する任意のレビューデータを見るしかなかった。しかしキンドルというチャネルを持つことによって、アマゾンは「本（モノ）」ではなく「読書（コト）」を提供し、顧客時間のすべてに関与できるようになった。つまりキンドルを通して、「顧客にとっての真のベストセラーとは何か」がわかるようになったと言える。

その結果、アマゾンは顧客から提供される3つの行動データに対して、それぞれ提案を投げかけることができる状態になっている。ここで、「顧客時間のフレームワーク」に、新たに「対話」というもう1つのレイヤーが現れる。図をもとに詳しく解説しよう。

まず選択段階から得られる顧客の「選択データ」に対しては、直接的には情報による「販促提案」を行うことができる。アマゾンで検討する本を表示すると、この本を見た他ユーザーが他にどんな本をチェックしたのか、といった関連情報が表示されるのがこれに当たる。これは顧客の「選択段階での行動データ」を把握していないと、提案することができない。

次に購入段階に得られる顧客の「購入データ」に対しては、販促提案に加えて「価格提案」を行うことができる。アマゾン全体の価格オファーとしてはプライム会員の特別価格があるが、キンドルではこれがさらに明確である。キンドルのデバイスを保有しており、さらにプライム

Amazonの顧客との対話

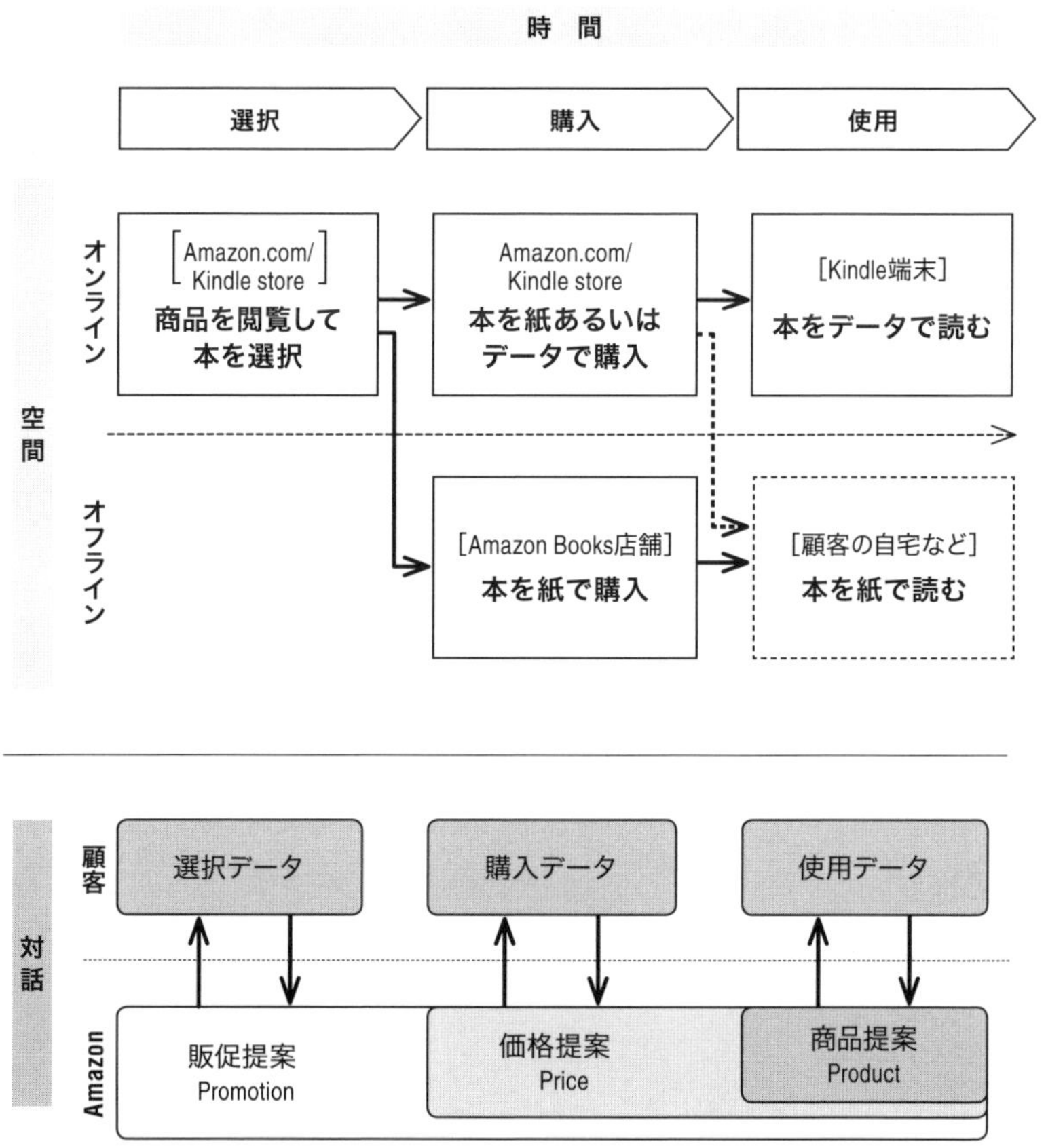

会員になれば、月に1冊を無料で読むことができる。また、定額制でキンドルでの書籍が一定数まで読み放題になるKindle Unlimitedというプランも、購入者に対する強力な価格提案である。これも多くの顧客データから、平均的な購入量などの「購入段階での行動データ」を把握していなければ、採算が合う形での価格提案をオファーすることはできない。

そして最後に、使用段階に得られる顧客の「使用データ」に対する提案である。ここでは、商品提案が可能になる。ここで言う商品提案とは「他の商品を薦める」といったようなことではなく、自社オリジナルの商品を作って提案することである。顧客がどのような本を最後まで読み、評価しているのかを分析できれば、極論すれば顧客から高い支持を得られる小説や書籍自体を、独自に作り出すことに活用できる。

ここで言いたいのは、アマゾンがオリジナルの小説を発表するかどうか、ではない。使用データまでを把握すれば、オリジナル商品の開発すら可能になるという点だ。実際、映像などでのコンテンツ開発を見れば、顧客の使用段階での評価履歴から、新しい商品を生み出そうという動き自体は活発だ。事実アマゾンは、靴・衣類・家具・家電などの領域でプライベートブランド商品(PB)の開発を加速させている。

アマゾンが築いたチャネルは、マーケティングの4Pで言う〝Place〟の変革である。選択データに対する販促提案は、〝Promotion〟である。購入データに対する価格提案は、〝Price〟

に当たる。そして最後の使用データに対する商品提案が、〝Product〟である。つまりアマゾンはPlace（チャネル）によって顧客からの行動データを把握し、これを使ってPromotion（販促）・Price（価格）・Product（商品）を変革し、顧客にさらに新しい価値を提案できるのだ。

従来型のオフラインに軸足を置く小売企業でも、スーパーやコンビニエンスストアなどがPBを展開してきた。PBの強みの1つは、店頭での「購入データ」であるPOSデータを見て売れ筋を把握し、自社商品の開発ができることだ。

しかしアマゾンは、さらにその先の使用データを含めた行動データすべてを把握し、自社商品の開発に踏み切ることができる。例えばアマゾンはPC周辺機器などのPBを多く展開しているが、他社が出品している商品の「購入データ」から売れ筋をつかむだけでなく、そこに書かれたレビューという「使用データ」から顧客の評価点や満足度を知ることができる。これらを分析することにより、さらに売れる確率が高いPB開発が可能になる。

このように顧客から提供されるデータをもとに、企業は新しい価値を提案していくわけだが、注意しておきたいのは顧客との対話を豊かにするのは、「点」のデータではないということだ。

仮に「選択データ」だけを持っていたとしても、顧客に有益な提案はあまりできない。

例えば一度興味本位で覗きにいったECサイトからの広告が、その後どのサイトを見ていても表示されるといった経験があると思うが、まさにあの状態になるわけだ。購入しないと決めようが、逆に購入を済ませようが、お構いなしだ。断っても買っても追いかけてくるセールスのようなもので、最後にはうんざりしてしまい、その企業や商品を嫌いになってしまうもしれない。つまり、顧客のつながり構築においては逆効果という状態をもたらしかねない。

しかし「購買データ」まで持っていれば、選択・購入までのデータから、より良い提案が可能になる。同様に「使用データ」まで持っていれば、選択・購入・使用までのデータからより最適な販促提案と価格提案も可能になるということだ。「点」のデータに対して機械的に提案を繰り出すのではなく、つながりのある複数のデータから「個客」のニーズを認識し、提案の質を上げていくことができる。複数データの組み合わせが、他にない提案を生み、顧客の購買体験を豊かにしていく。つながりによるマーケティング変革において、チャネルが果たすべき役割は、まさにここにある。

18 Promotion つながりが販促を変える

顧客とのつながりがあれば、顧客に最適な販促提案をすることができる。重要なのは、販促提案をすること自体ではなく、その結果として、すべてが同じではない顧客1人ひとり、すなわち「個客」にどのようなメリットをもたらすことができるか、である。

事例として、家庭に野菜などの食材を宅配している、オイシックスを取り上げる。オイシックスはまだネットを利用した食材宅配自体が一般的ではなかった2000年に創業し、野菜にこだわった商品を展開してきた企業だ。いまでは安心・安全な野菜や食材の宅配から、家庭におけるミールソリューションまでを手がける企業へと成長を遂げている。定期宅配コースを基本とし、現在の会員数は約16万人を超える。2017年に「大地を守る会」と経営統合し、現在は「オイシックスドット大地」という企業名になっている。筆者・奥谷は2015年に良品計画からオイシックスに移籍し、COCO（チーフ・オムニチャネル・オフィサー）を務めている。

Oisix
なぜ最初からカートに野菜が入っているのか?

オイシックスは、顧客の選択データと購入データを活用して、顧客の選択段階に入り込み、顧客に有益な販促提案を行っている。

筆者らは、顧客としてオイシックスで初めて買い物をした時の印象が、いまでも忘れられない。オイシックスはこちらが野菜を選ぶ前から、商品がショッピングカートに入っているのだ。通常のネット店舗での買い物と言えば、まずログインしてサイト内で欲しい商品を1つずつ探し、カートに入れ、最後に決済をするという手順が普通だ。

しかしオイシックスでの買い物は、毎週あらかじめカートに入っている野菜や食材を確認することからスタートする。顧客は、それぞれの野菜のおすすめポイントや品質についての情報を見ながら商品を選び、不要なものはカートから外し、配送日を指定して購入するという仕組みだ。登録済みのクレジットカードで月末にまとめて支払いをするか、コンビニ決済や口座引き落としなど、複数の支払い方法を事前に選択できるので、決済方法を毎回選ぶ必要もない。帰宅途中の電車の中でも、選択から購入までオンラインで完了できる。

オイシックスは顧客が選択したコースに加え、顧客がお気に入り商品に付けたフラグを把握しており、その商品を優先的に選んでカートに入れている。オイシックスにとっては、顧客ごとにこだわりの旬の野菜をおすすめできたり、仕入れ状況に応じた品目調整ができるというメリットが生まれる。

オイシックスの野菜は、「ピーチかぶ」や「あめトマト」など名前のついた人気銘柄も多い。しかし野菜は、季節はもちろん産地の天候などによって、仕入れられる商品や質が変動する。必ずしもいつも顧客の指名する銘柄が、すべて揃うわけではない。そのため、オイシックスは顧客ごとの宅配コースに基づきつつ、顧客のお気に入りフラグを活用して、カートを顧客への提案の場に変えているのだ。

顧客から見てもこの購買体験は、確かに合理的だ。なぜなら多くの人が、毎日の献立に関する詳細なプランを事前に持ち合わせてはいないからだ。自分の嗜好に合っていて、かつ汎用性の高い食材をしっかり提案してもらえれば、翌週以降の数回の献立の検討を済ませてしまうことができる。加えて、季節に応じた野菜や銘柄をおすすめしても

[Oisix] Oisixサイトより

Oisixの顧客との対話

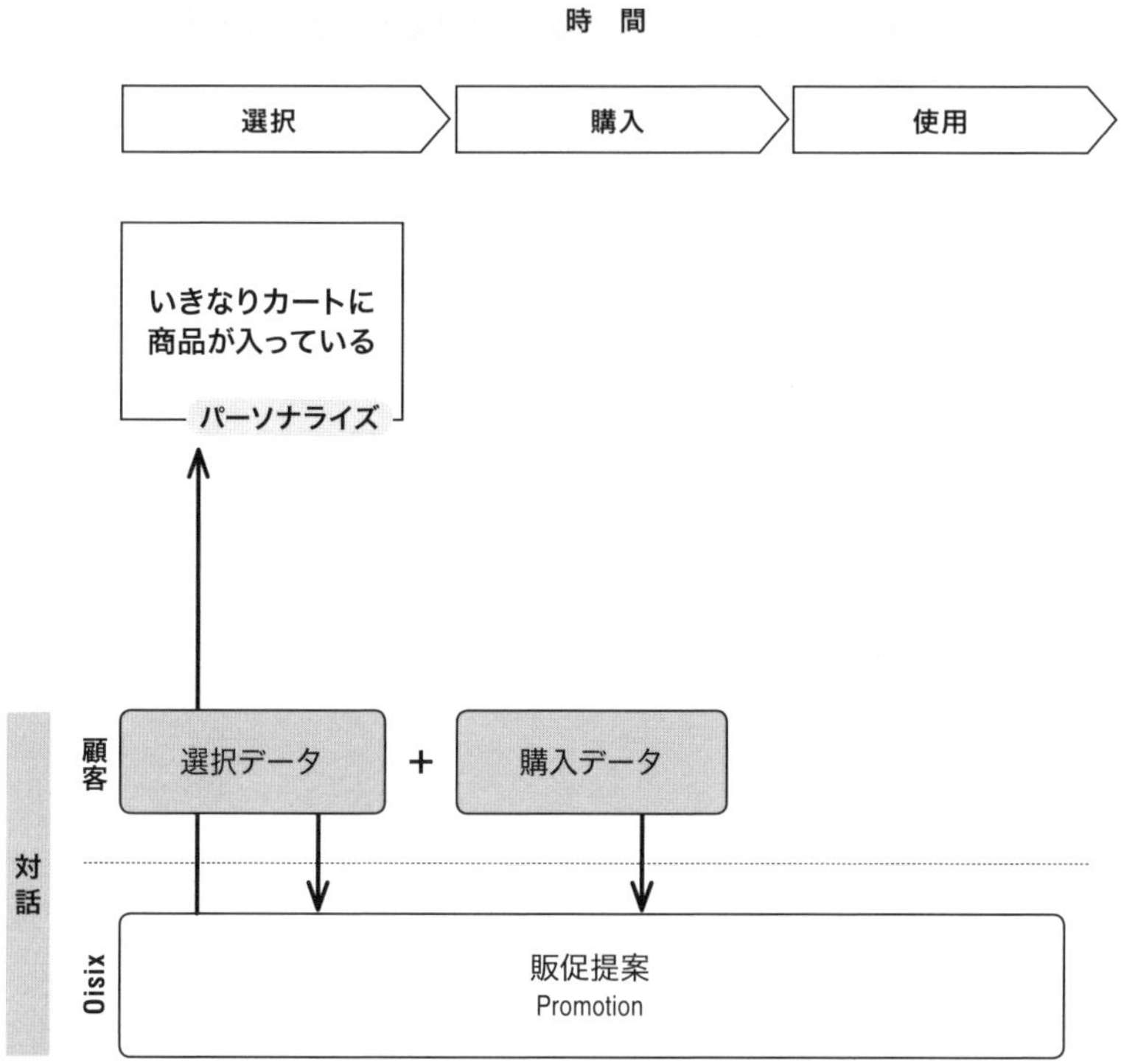

らえるという、買い物の楽しみもある。ちょうど八百屋さんの店頭で、おすすめの野菜を尋ねてやりとりしている感覚だ。

「対話」がないと顧客とのつながりは薄れる

ポイントは、「カートに商品を入れて提案し、顧客がそこから選ぶ」という「対話」が生まれていることだ。

野菜の宅配を利用している顧客は、食材購入に関する「選択」を企業に委託し、時間を削減するために、宅配サービスを利用している人も多い。定期的に旬の野菜が届く食材宅配サービスも、その箱の中身は企業側の提案に委ねられ、一方通行のコミュニケーションになりがちだ。

しかしオイシックスでは、カートに事前に商品を入れておき、あえて顧客に選択してもらうことで、「対話」が生まれる仕掛けをつくっている。

実はオイシックスでは、「提案したままの商品を購入し続ける人は、顧客満足度が低下し、解約につながりやすくなる」ことをデータから把握している。したがってこの選択の時間は、顧客にしっかりと左脳と右脳を駆使しながら、真面目に楽しく「能動的に選択」してもらうための大切なプロセスなのである。オイシックスはオンライン店舗であるメリットを最大限に活かし、顧客の選択段階に入り込み、そこであえて「対話の場」を積極的につくりだすことで、顧客とのつながりを維持・強化しているのだ。

顧客が何を買っているかを知りたいということだけであれば、従来の宅配企業のスタイルでも、結果は同じである。しかし、顧客時間のデータを得るという意味では、オイシックスのような提案と選択という対話があるかどうかの差は大きい。

単純な購入データからは、顧客の購入あるいは離脱という「結果」しかわからない。離脱した理由が、希望しない野菜が届いたり、食べてみてあまりおいしいと思わない野菜が入っていたり、あるいは量が多すぎて余っていたりという原因だったとしても、それを知る手立てはない。つまり、購入データだけでは、顧客との濃密な対話にはつながらないのだ。結果として「購入金額が多い」あるいは「利用期間が長い」といった顧客に割引などの価格提案をすることにとどまってしまう。前述した通り、「点」のデータからは、顧客に価値のある提案は生まれにくい。

それに対してオイシックスは、平均して月に2回の買い物を通して、顧客の選択・購入データの双方を大量に蓄積している。これらのデータをさらに活用できれば、将来的には顧客ごとにパーソナライズした提案も可能になっていくだろう。提案する商品の精度が上がっていくだけでなく、選択時間の短縮も同時に可能になる。

例えば本当に選択段階の時間短縮を求める顧客には、「オイシックスの提案でOK」と、アマゾンダッシュのようにワンクリックでの買い物も実現できるかもしれない。企業からのパーソナライズされた販促提案によって、顧客の検討を一瞬で完了させてしまい、顧客を獲得・囲い込むということも、達成できるかもしれないのだ。

MUJI「遅得」
お届けが遅くていいならマイル贈呈

つながりによって販促を変えたもう1つの事例として、筆者・奥谷が前職である良品計画で行った「遅得」キャンペーンを取り上げよう。

無印良品が行うキャンペーンの1つに、「無印良品週間」がある。10％オフで買えるので、キャンペーン期間中のネット店舗における受注件数は平時の6～7倍に達する日があり、配送集中をいかに平準化できるかが常に論点となっていた。臨時アルバイトによるピッキング遅延やミス、運送会社への引き渡しトラブルが発生し、会社はその対応に追われることになるからだ。

配送のトラブルを解消したい

企業からすれば物流機能はできれば安定的に稼働させたいものだが、通販物流では、そううまくはいかない。大きな受注の波動はネットショッピング特有のもので、米国の「サイバーマンデー」や、アリババが仕掛けた11月11日の「独身の日」といったものが代表例だ。これらの波動がもたらす莫大な売上の背後には、配送トラブルや物流会社の疲弊が潜んでいる。

無印良品週間の前後には、ある特有の顧客行動が発生していた。無印良品週間の告知は通常月曜日に行い、金曜日にスタートする。すると、告知直前に商品を注文していた顧客の中から、まだ商品が出荷されていなければ注文をキャンセルする人が続出するのだ。そしてキャンペーン期間に入ってから再発注がなされる。無印良品週間の割引率は10％オフであり、それほど大きな値引きではない。それにもかかわらず、多数のキャンセルと再発注が発生する。

この顧客の行動データを見て感じたのは、顧客は無印良品の商品を「今すぐ必要としていないのではないか」という疑問と若干の失望感だった。しかし、このような購入段階における事実を顧客視点で考えれば、「無印良品の商品とサービスを信用しているので、少し待っても、お得に買いたい」ということであると気づいた。

そして無印良品とのつながりを感じている顧客にさらに価値を提供しつつ、物流の混乱を解決できないかと考えていたところ、あるアイデアが浮かんできた。無印良品週間の期間中にネット店舗で注文してくれた顧客に、遅いお届け日を指定してもらえれば、特典としてマイルを差し上げるという「遅得」である。狙いは、「エコな配送」への共感を生み出すこと。そして物流会社の出荷作業の平準化だ。

顧客にとっては、特に急ぐ必要のない買い物の場合は、配送を遅くすることでマイルがもらえるというメリットがある。マイルに魅力を感じてくれる顧客は、無印良品で今後も購入を考えている顧客である。そのような顧客にマイルという特典を付与することは、無印良品にとっても回収確率が高い販促投資ということになる。

「強制」したら炎上していた

実施結果は、無印良品と顧客とのつながりを改めて強く感じるものだった。期間中の遅得利用者は約1万9000人に上った。これは全体の受注構成比の約17％にあたる。遅得がなかった前年は、遅めの配送日を指定した顧客は全体の4％にすぎなかった。つまり繁忙期の物流が、単純計算で10ポイント以上も改善されたのだ。

［「遅得」キャンペーンの告知（2013年11月）］

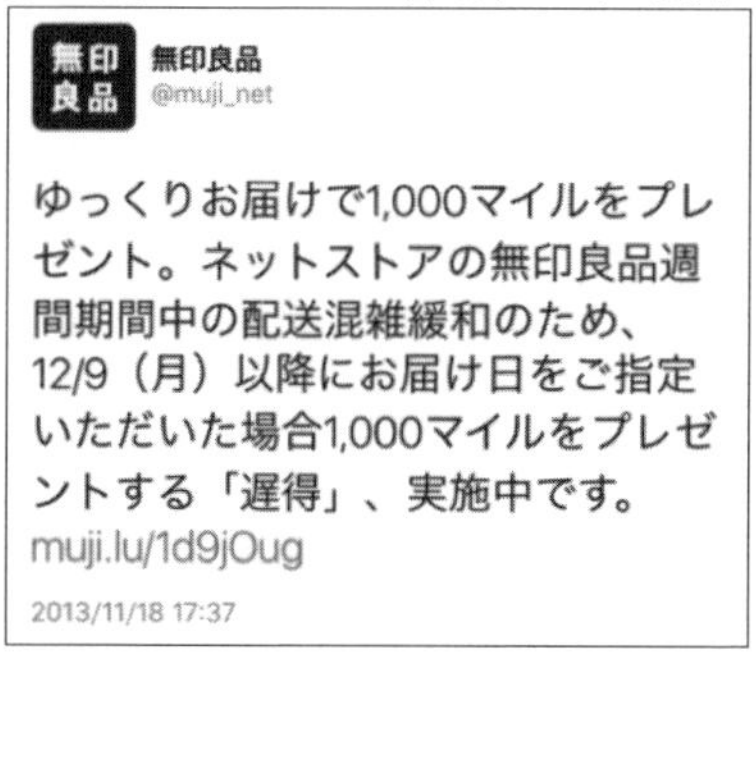
無印良品
@muji_net
ゆっくりお届けで1,000マイルをプレゼント。ネットストアの無印良品週間期間中の配送混雑緩和のため、12/9（月）以降にお届け日をご指定いただいた場合1,000マイルをプレゼントする「遅得」、実施中です。
muji.lu/1d9jOug
2013/11/18 17:37

- 対象：良品週間期間中（11/15～26）にネット店舗でご注文のお客様
- 条件：お届け日を12/9以降にご指定いただく
- 特典：12/25に1000マイルプレゼント

MUJI「遅得」の顧客との対話

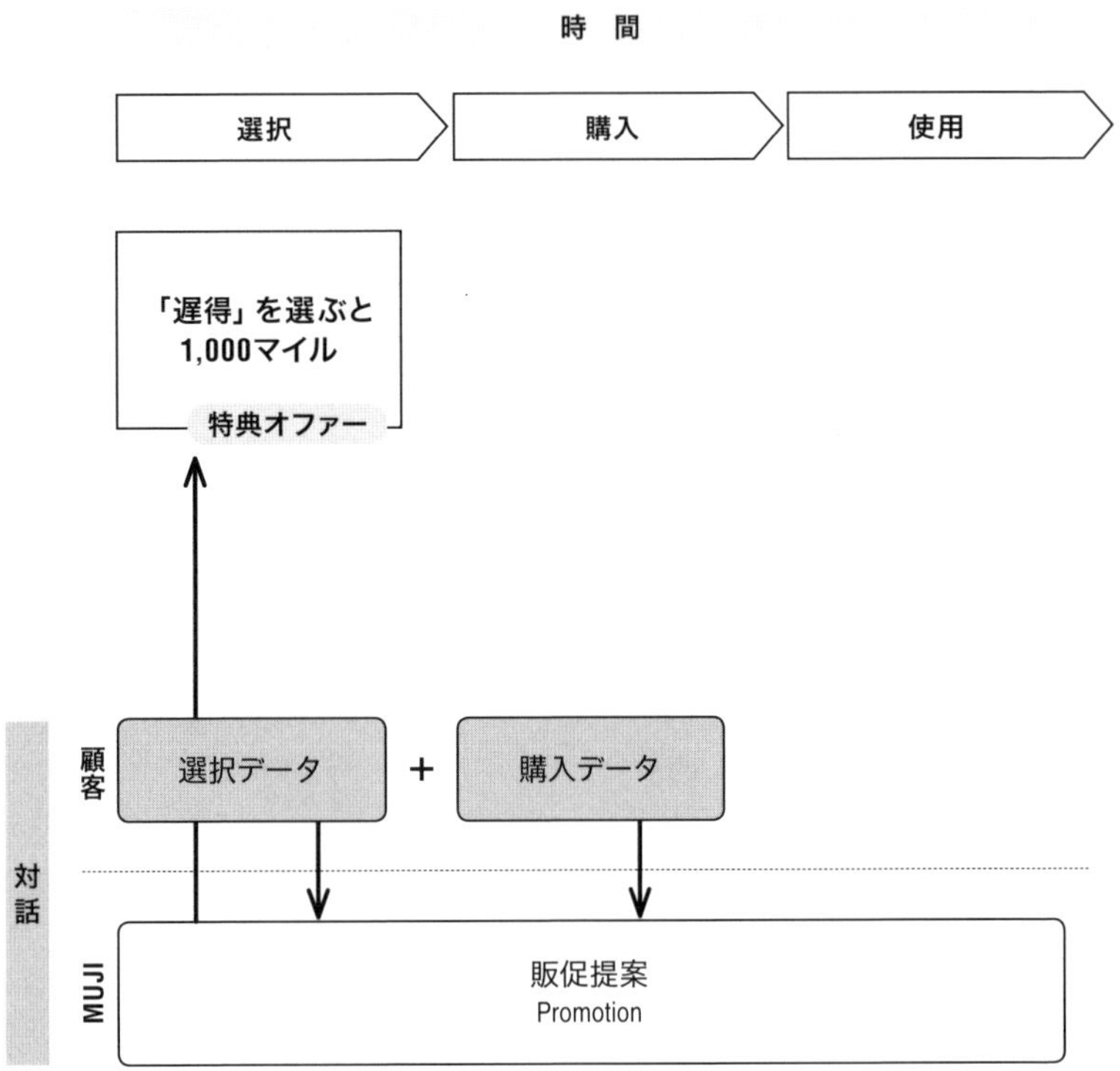

この企画は、物流センターに大変好評であった。配送指定日の幅は若干伸びるものの、無印良品週間の期間中の大きな配送遅延がなくなり、期間中の欠品防止に集中できたからだ。

一方で、課題も幾つかあった。1つはMUJI passportの問題でもあるが、マイルプレゼント＝お買い物ポイントと誤解する顧客もいたということだ。また、食品など賞味期限がある商品、限定商品の出荷は個別対応が必要だったという点だ。予算上の問題も生じ、11月の売上が大幅に12月ずれ込んで、11月の受注予算はクリアできても売上予算が未達になった（もちろん12月は売上大幅達成なのだが）。

とはいえ、この企画が成功したのは、提案を通した「対話」の方式だったからだ。これがもし、企業の都合で顧客に配送遅延を無理やり「了承」させるような方式だったとしたら、きっとSNSなどで不満が噴出し炎上していただろう。対話の機会を設け、顧客がエコな配送を選んでいることを賞賛し、それによって顧客が求める本質的なインサイト（お得に買い物したい）に対するメリット（マイル付与）を明確に提示したことが、成功の大きな要因だ。つまり顧客の選択段階に入り込み、購入していただくことを前提に「遅得」という提案を行って意識的な対話をつくりだし、顧客とのつながりを強めたのだ。

物流というインフラを対話の機会に

チャネル設計と物流はコインの表と裏である。切っても切れない関係だ。いまや翌日配達どころか当日配達も登場し、オンラインで購入した商品はすぐに手に入れられるようになった。もはやオンデマンド配達が当たり前になったいま、それだけでは顧客は価値を感じなくなっている。

日本通信販売協会（JADMA）が、2013年に会員社12社の顧客を対象に実施した「配送満足度調査」のデータは、顧客の「本音」が見えていて興味深い。そこで顧客が求めている配送サービスへの希望を見ると、「配達時間帯の指定」が68％、「配達日指定」が62％と、配達日時指定に関する要望が高い。その一方で、「当日配送」は4％、「翌日配送」は9％と予想外に低いのだ。この調査がすべての声を代弁しているとは言えないだろうし、調査対象となった通販企業の顧客特性として配送スピードを求めていないという可能性もある。しかし、日本の生活者すべてが「配送の早さ」を求めているわけではない、ということも事実であろう。

ここからは、必ずしも早く届くだけではなく、届くまでの時間や料金といった事柄も顧客との対話機会になるという発想が生まれてくる。2017年10月にゾゾタウンが行った「送料自由」という試験は、その代表的な例だ。従来は購入額が4999円（税込）以上なら送料無料、同未満なら送料399円だったが、「送料自由」では0円～3000円までの範囲で顧客が自由に送料を指定できるようにした。スタートトゥディの前澤社長は、「運ぶ人と受け取る人との間に、気持ちの交換が生まれれば」と、その狙いを語っている。自社だけでなく物流というインフラを支える企業の価値をも顧客と共有し、顧客との対話を生もうとする取り組みである。

これから宅配における提案は、よりパーソナライズできるようになるかもしれない。遅い宅配や付帯サービスのある宅配など、顧客に適した提案が増えていくこともありえる。顧客のより良い購買体験に向けて、物流が担う提案の余地は広い。

顧客との対話という視点から見ると、インフラである物流ですら、顧客とのつながりを創る機会としての可能性を持つのである。

19 Price つながりが価格を変える

顧客とのつながりがあれば、顧客に対する最適な価格を判断し、提案することが可能になる。

ここでも重要なのは、価格提案をすること自体ではなく、その結果として、「個客」にどのようなメリットをもたらすことができるか、である。このことをフィリップ・コトラー（2017）は、「デジタル時代には標準価格設定から、ダイナミック・プライシング（動的価格設定）に進化する。企業は、過去の購入パターン、店舗までの距離など、顧客プロフィールのさまざまな要素にもとづいて、顧客ごとに異なる価格を請求し、収益性を最適化することができる」と指摘している。

ここでは価格提案の1つ目の事例として、再びアマゾンブックスを取り上げる。

Amazon Books
圧倒的に差別する価格戦略

アマゾンのプライム会員は、2017年時点で米国では8500万人、日本では300万人を超えると言われている。日本では年間3900円、あるいは月額400円で、様々な特典を受けることができる。Amazon.comでの買い物の際に対象商品の送料が無料になるほか、対象エリアで1時間以内に商品が届くプライム・ナウ、多くのコンテンツが見放題・聴き放題になるプライム・ビデオやプライム・ミュージック、さらには写真を容量無制限で保存できるプライム・フォトなど、いろいろな優待が用意されている。

これだけでも他には真似できない価格提案と言えるが、さらにアマゾンはプライム会員の価格特典を、オンラインだけでなくオフラインにも広げようとしている。その1つが、アマゾンブックスでの価格提案だ。

筆者らは実際にシカゴの店舗に行き、アマゾンブックスでの買い物を体験してみた。その体験から、筆者らはこの店舗が単なる書店ではなく、価格提案を通した顧客との対話装置であることに気づいた。

PART1で述べた通り、アマゾンブックスに取り揃えられている商品には、プライスタグがない。価格は、顧客が自分のアマゾンアプリを立ち上げるか、あるいは店内の端末を使って、商品をスキャンして確認する。そこでは、2つの価格が確認できる。1つはプライム会員の場合、そしてもう1つが通常会員の場合だ。日本の小売業でここまでストレートに価格差を見せつける企業は珍しいが、プライム会員はオフラインであっても、オンラインと同じ優待価格で購入できるのだ。

この明らかな価格差は、非会員にとっては、冷遇されているかのように感じる。しかも、それを単なる「情報」ではなく、「体験」することになる。

この体験に直面した非会員の顧客はどう思うだろうか。ほぼ間違いなく、「これはプライム会員にならないと損だ」と思うはずだ。アマゾンは意図的にプライム会員と非会員の待遇が異なる場をオフラインに創り出し、差別化された価格を提案し、プライム会員であることの優越感・満足感を提供しているのだ。

さらにアマゾンブックスの店内にはアマゾンエコーの展示がされており、顧客に対して丁寧にデバイスの解説をしている。これらも、プライム会員に誘引する演出だ。まさに「アマゾン・プライムの世界へようこそ！」であり、訪れるすべての人に、「アマゾンとのつながりを持つことが、どれほど生活を豊かに便利にするか」を、オフライン店舗全体で表現している。

アマゾンブックスの経営における収益は、ほぼゼロと言われている。価格提案を通した顧客との対話のためだけに、アマゾンはこのチャネルを展開していると言ってもよい。

ホールフーズからプライム会員へ引き込む

プライム会員への価格提案は、あらゆる商品に広がろうとしている。買収したホールフーズの店頭でも、すでにプライム会員に限定した優待が提供されているほか、一部の商品では割引価格を導入している。アマゾンは、ホールフーズをアマゾンブックスと同じ、巨大な価格提案の装置にしようとしている可能性がある。店舗に来店した顧客に対して、「購入」という段階で圧倒的な価格提案を体験させ、プライム会員へと引き込んでいく。アマゾンブックスやホールフーズといったオフライン店舗は、そのゲートウェイだ。

ゲートウェイならば、より多くの人に開かれているほうがよい。だからこそ、アマゾンはホールフーズの買収完了直後に、まず店頭全体の価格引き下げに踏み切ったのではないだろうか。来店のハードルを下げ、より多くの顧客を店舗に引き寄せるためだ。

アマゾンのオフライン進出の狙いは、最初から販路の拡大ではなく、顧客の行動データを把握し、顧客とのつながりを築くことにある。そう考えればアマゾンは書籍や食品に限らず、アパレルを扱う店舗などにも進出していく可能性があるだろう。あるいはオフライン企業にアマゾンのアカウントを使った決済システムを提供し、顧客の購入データをより広範な品目で握ろ

Amazon Booksの顧客との対話

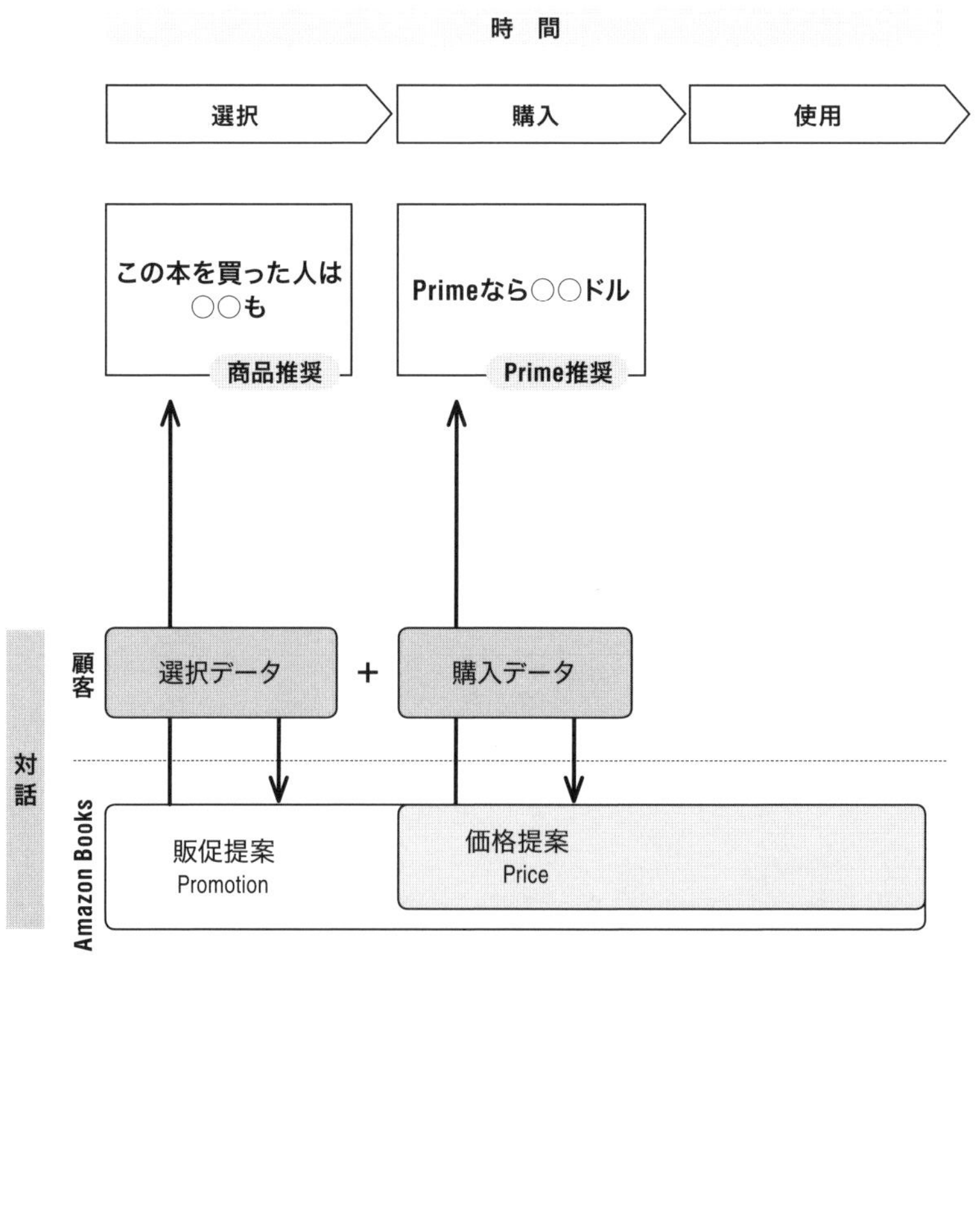

うとするだろう。

従来のオフライン企業が持つ、店舗単位での購入データからは、そのまま店舗単位での価格提案しか出てこない。しかし顧客単位のデータを、アマゾンゴーやアマゾンブックスが導入している店頭での個客認証と組み合わせれば、同じ店舗内であっても「個客」によって異なる価格提案をすることもあり得る。

こういったパーソナルな価格提案が進めば、顧客とのつながりを持たない企業との差別化となり、顧客獲得において大きな影響力を持つことになると考えられる。

いきなり！ステーキ

差別しない優待戦略

もう1つ、アマゾンとは対照的な提案をしている事例を取り上げる。ペッパーフードサービスが運営するステーキ専門店チェーン「いきなり！ステーキ」だ。

いきなり！ステーキは、オフラインに軸足を置く企業であり、主に国内で展開する外食チェーンだ。アマゾンとは何もかも違うように見えるが、価格提案においてもアマゾンとは真逆にも見える独自の戦略を取っている。

アマゾンのプライム会員への価格提案を見ていると、優良顧客だけを圧倒的に優遇しなければならない気になる。しかし方向性は1つではない。いきなり！ステーキは、価格面での優良顧客に限定しない独自の価格提案を行っている。

いきなり！ステーキが展開するのは、立ち食いを基本とするレストランだ。1グラム単位で価格が設定されており、顧客が好みの肉の量を指定して店員がその場で切り分け、これを焼き上げて提供する。店舗オペレーションを簡略化して顧客の回転率を上げ、削減されたコストを商品原価にかけて質を上げる。「俺のイタリアン」や「俺のフレンチ」と似たビジネスモデルである。

いきなり！ステーキは、通常のステーキレストランに比べて原価率が高いと思われ、値引きの余地はかなり少ないはずである。にもかかわらず、マイルがたまるロイヤルティプログラムをアプリで実現しているのだ。

肉好きの心を燃やすアプリ

このアプリのおもしろいところは、「食べた肉の量」でポイントが貯まる「肉マイレージ機能」だ。顧客が食べた肉の量（グラム）に応じて、ステージがランクアップするのだ。特典としてランクアップクーポンの付与のほか、ランクに応じてドリンク無料サービスなどが提供される。アプリには、自分のランキング・肉マイレージ数・カードランクが表示される。加えて、月間・累計・1回当たりのグラム数を競うランキングが表示されている。肉好きなら絶対に持っていたいと思わせる、「肉好きの心を燃やす」アプリなのだ。

グラムによるランキングは、いきなり！ステーキでの食事という体験を記録し、顧客と共有する仕組みだ。つまり、使用段階の行動を可視化することで、顧客とのつながりを強めている。

人は平均して、1日3食と間食を合わせ、月に100回ほど食事をする。しかしその食事体験を、どの程度覚えているだろうか。いくら素晴らしくおいしいレストランで食事をしたとしても、そこでの食事の回数を正確に記憶していることは、ほとんどないだろう。いきなり！ステーキはその体験を、「食べた肉の量」でおもしろおかしく表現することで記憶に残し、さらに知り合いや友人にその体験を共有しやすくしている。

同社のプレスリリースによると、2014年7月にスタートした「肉マイレージカード」は、2016年2月には発行数20万枚を超えている。2015年10月にはプリペイド機能を追加し、アプリから入金できるようになった。さらに「2」と「9」がつく日にチャージした場合は、一定の割合でボーナスがつく。例えば、3000円チャージの場合はボーナス1%がつき、3030円の利用が可能になる。5000円チャージの場合は2%、1万円チャージの場合は3%といった具合だ。さらにキャンペーンによっては、それ以上のパーセンテージでの還元を提供している。

「高い肉」でも「安い肉」でもポイントは同じ

グラム当たりの単価は肉の種類によって違うので、たくさん食べている顧客が多く支払った顧客かどうかはわからない。それにもかかわらず、いきなり!ステーキが食べた量に対して特典を提供しているのは、「購入」ではなく「使用」、すなわち店舗に実際に来店してもらう回数が、もっとも重要だからだ。

つまりその狙いは、「回転率の向上」にある。立ち食い・低価格を基本とするいきなり!ステーキのビジネスモデルにとっては、回転率を上げることは命綱である。だから「繰り返しの来店をコミットしてもらう」ことに、フォーカスしたプログラムになっているのだ。

これが支払い金額という購入データに基づくプログラムだったら、どうなるだろうか。通常の飲食店のポイントプログラムは、極論すれば「何回お店に来たか?」ではなく「いくら払ったか?」に注力した運用になっていると言える。高額な商品を食べれば一気にポイントが貯まるので、このデータは来店回数とは紐付かない。重視したい来店回数の多い顧客に、販促や価格提案ができるとは限らなくなる。またそのデータに基づく提案も、使用した金額に対して何%割引くかという単純なものになりがちだ。それは単に利益を削る行為であり、顧客の再来店や単価向上に結び付くかどうかわからない。

価格提案は、諸刃の剣だ。アマゾンのように、幅広い商材をすべてアマゾンで買ってもらうことが狙いなら、一定の会費を課金して全員に対する価格提案を行うことも可能だろう。しかしそうではない場合、購入金額に応じたインセンティブ付与は、単なる値下げになってしまう。

重要なことは、自社が獲得したい顧客はどんな人々で、どんな行動を獲得したいのかを明確にし、そのためにどんな行動データを獲得するのか、である。

顧客とのつながりは、「顧客からのデータ提供」と「企業からの提案」という対話によって、

いきなり!ステーキの顧客との対話

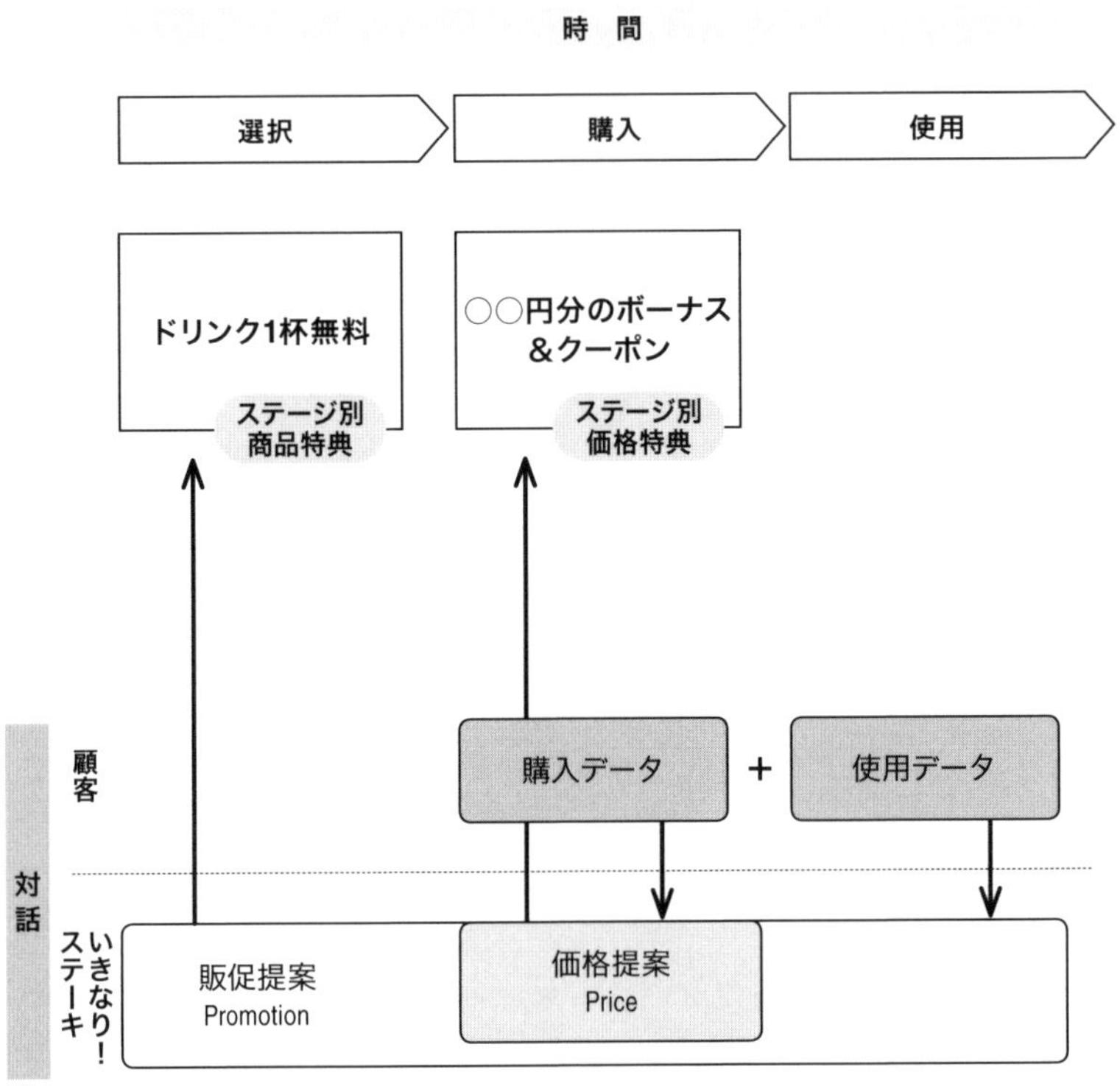

強くなる。対話を繰り返すことによって顧客の購買体験が豊かになり、そのブランドに対する愛着が生まれる仕組みが必要だ。本当にロイヤルティの高い顧客は「いつも、必ずしも」金銭的メリットだけを求めているわけではない。

いきなり！ステーキが狙う顧客は、間違いなく「肉好きの人々」、そして「肉好きになってもらいたい人々」である。そして引き出したいのは、彼らの「来店」という行動だ。いきなり！ステーキのロイヤルティプログラムは、その狙いを実現するものと言えるだろう。

20 Product
つながりが商品を変える

「エンゲージメント４Ｐ」における究極の変革は、顧客とのつながりを使って、提供する商品自体を変えてしまうことである。

顧客とのつながりから最適な商品を判断し、新しく生み出していく。これが可能になれば、独自の商品に基づく販促提案・価格提案を組み合わせ、顧客に新しい価値として提示することができる。

「顧客とのすぐれたつながりを持つ企業ほど、顧客にフィットした商品をつくることができる」と考えるのは、いまに始まったことではない。小売業は以前から、ＰＢの開発に取り組んできた。いまや小売業が展開するＰＢは、品質においても顧客からの高い信頼を勝ち得ている。

これら小売業のＰＢ開発を後押しした背景には、小売業が握った「購入データ」、すなわちＰＯＳデータの存在が大きい。データで見れば、売れ筋商品は一目瞭然である。仕入先であるメーカーとの商談に活用するだけでなく、これを自社の商品開発に活用すれば、理屈の上ではメーカーよりも高い確率でヒット商品を作れるはずである。

ＥＣ企業がこれに加えて握ったのが、顧客がどんな商品を検討したのかという購入前の「選択データ」、さらには顧客がその商品をどのように使い評価しているかという購入後の「使用データ」である。

アマゾンは商品に対する顧客のレビューをすべて把握し、ゾゾタウンはＷＥＡＲというコーディネートをシェアするＳＮＳを持っている。

アマゾンがＰＢの開発を加速していることも、ゾゾタウンがＰＢの「ＺＯＺＯ」の展開を発表したことも、選択・購入・使用のすべての段階で顧客とつながりを深め、他社とは違う商品をつくりだせるという自信を持ったからに他ならない。

プライベートブランドＺＯＺＯについての、スタートトゥデイの前澤社長のコメントは、そのことを的確に表していた。「他社のブランドをコピーして、それを売るような卑劣なまねはしない。今までのファッション業界にはない商品や考え方、フィット感を提供することによって革命を起こしたい」(東洋経済オンライン、２０１７年11月1日付)」。その後にゾゾタウンが発表したのが、採寸用スーツであるゾゾスーツの無償配布だった。

「フィット感」が意味するところは、単なる服のサイズといったことではなく、販促・価格・

商品などを含めて「個客への最適化」を進めていくことを示していると考えられる。同社が顧客とのつながりによってマーケティング要素のすべてを変革すれば、アパレル業界の戦い方を、根底から作りかえてしまう可能性があるだろう。

Amazon PB
シェアもカテゴリーも増殖中

顧客とのつながりを深めたオンライン企業が、自社のPBをつくる動きは、EC先進地である米国でも加速している。

米ベンチャーキャピタル、KPCB（クライナー・パーキンス・コーフィールド・アンド・バイヤーズ）が発行する「Internet Trends」(2016) はこの潮流を、「インターネットの進化・発展が、商品・ブランド・小売業の垣根を曖昧なものへと変化させている」と表現している。多くのメーカーブランドがオンラインで小売を展開する一方で、小売業が商品ブランドを立ち上げる動きが頻発しているのだ。その代表事例として取り上げられているのが、やはりアマゾンだ。

アマゾンは、米国で2004年にアウトドアファニチャー、2008年にホームグッズ、2009年に電子機器アクセサリー、そして2015年にはファッションブランドのPB展開を始めている。このほかにも、トイレタリーなどの日用品も含め、多くのＰＢ商品を市場へ投入している。

カテゴリーの拡がりもさることながら、注目したいのは、そのシェアだ。中でも乾電池の市場シェアは２０１７年のInternet Trendsによると、ネット販売では全米ナンバーワンになっている。また、赤ちゃん用のおしりふきは同3位に位置付けられているという。

メーカーは太刀打ちできない

ここまで高いマーケットシェアを、アマゾンが取れるのはなぜか。もちろんアマゾンが抱えている顧客数が多いことや、顧客がわざわざ店舗に行くのは面倒だと感じる商品カテゴリーを狙っているなど、理由は1つではない。しかしアマゾンが持つ顧客との優れたつながりこそが、このシェアを作り出すことに大きく寄与していると考えられる。

繰り返し述べているように、従来のオフライン企業も、購入データは取得してきた。しかしオフライン店舗だけで把握できるのは、あくまでも「その商品が店舗で売れたかどうか」であり、店舗を軸とした結果の「点」のデータである。

一方、オンラインを基点とする企業が持つのは、「どんな顧客に、なぜその商品が売れたか」

というデータだ。購買に至るまでに何を検討したのか、そしてどちらの商品が選ばれ、その結果どう評価したのかという「線」のデータである。

顧客1人ひとりに紐付く行動データを把握できれば、最適な商品を開発できるだけでなく、「開発した商品を最適な顧客に提案する」ことができるのだ。

顧客ニーズを満たす商品を生み出し、マーケットシェアを生かした競争力のある価格で、その商品を求める顧客のもとに届ける。

アマゾンのこの取り組みは、小売業の新しい可能性として、「データドリブンな商品開発」の可能性を示している。メーカーによる従来のマーケティングでは実現できなかった戦い方を、顧客との「優れたつながり」で実現した戦い方と言えるだろう。

Amazon PBの顧客との対話

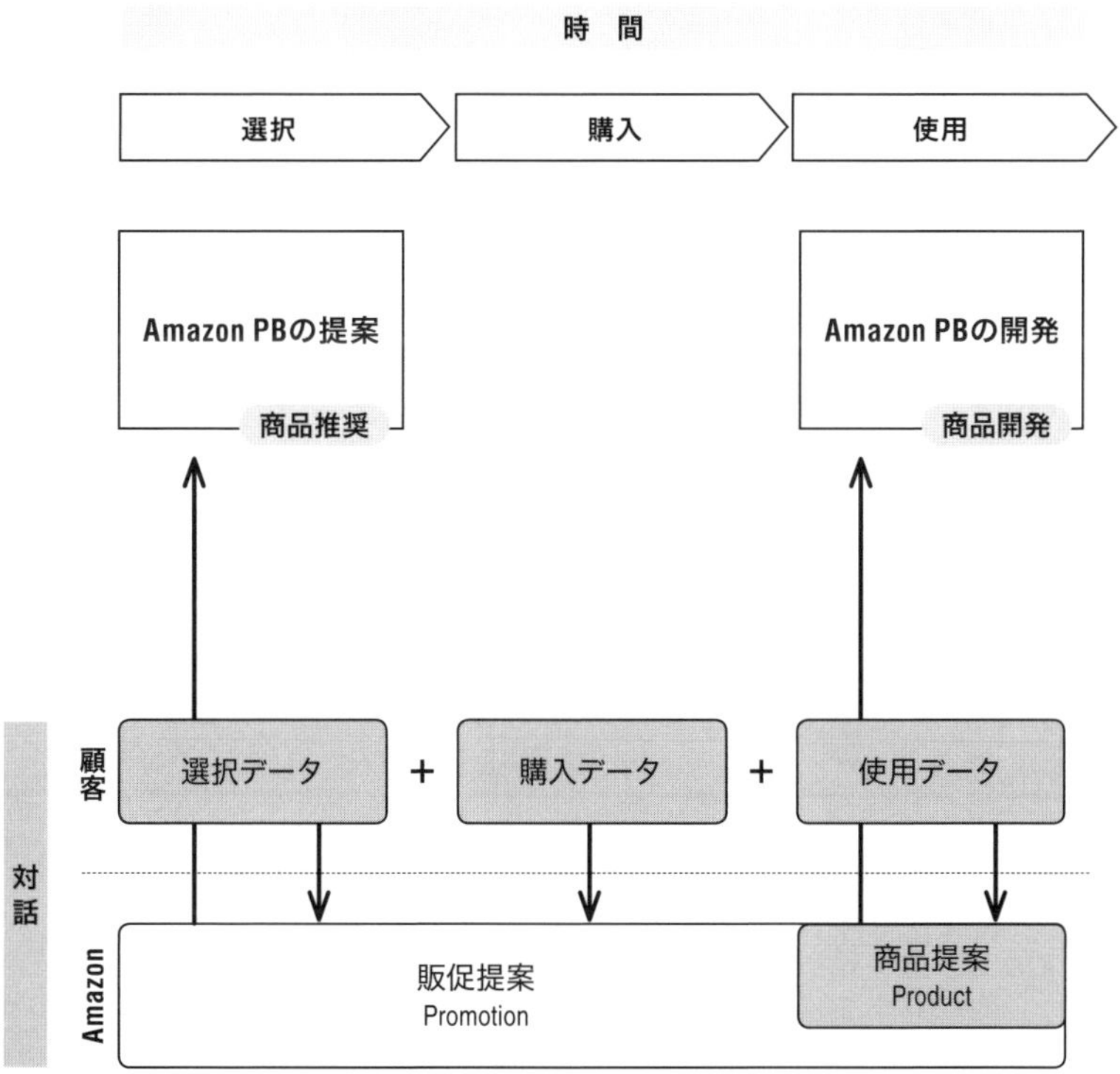

MUJI「スーパーCランク商品」
消えた商品を新提案で復活

ここまで見てきたように、使用段階までの顧客の行動データを把握することは、独自の商品提案につながる。しかし商品提案は、必ずしも新しい商品を作り出すだけとは限らない。既存の商品の新しい「用途開発」も商品提案の1つだ。ここでは筆者・奥谷が、前職の良品計画で関わった、用途開発の事例を紹介したい。

良品計画では、商品を売れ行きに従って4つのレベルにランキング分けして管理することが徹底されている。売れ筋である「S」「A」ランク商品はいち早く欠品防止に入り、売れ行きの良くない「B」「C」ランク商品は在庫削減、発注停止に入る。売れる商品は売場が大きく確保され、広告宣伝費が大きく付けられるが、売れない商品は早々に店頭から姿を消す。つまり求められているのは、当然ではあるがSランク商品の開発だ。

良品計画はもともと、顧客とのつながりを活かした商品提案が得意である。オンライン店舗のオープンと同じ2000年には、「モノづくりコミュニティー」を開設し、まだソーシャルメディアがない時代から、オンラインで顧客の声を募って商品を開発し、多くのヒット商品を生み出してきた。「人をダメにするソファ」として有名になった「体にフィットするソファ」などもその一例で、もう15年以上販売を続ける超ロングセラーのSランク商品だ。

しかし顧客参加型のものづくりは、多くの時間と労力が必要で、100アイテム、200アイテムを一気に開発することはできない。そこで2009年には「くらしの良品研究所」を、2011年12月には「ご意見パーク」(現IDEA PARK)を設けて、商品づくりに顧客の声を反映する仕組みを進化させてきた。顧客から意見・要望を聞き、同時に無印良品の考え方を提案し、対話を通してモノづくりを進めていく場である。そこでは、顧客からの意見や要望と、それに対する無印良品からの回答が公開されている。つまり恒常的に、顧客とのつながりを直接的につくり、「使用データ」を定性的に把握することでヒット商品の開発につなげている。

企業は、こうした場を通じて「顧客が欲しいと思う商品を、具体的に企業に提案してくれること」を期待するが、実際にはなかなか難しい。顧客の声は基本的に、既存商品に対するコメントが多くなるからだ。ご意見パークを開設した初年度に寄せられた意見も、既存商品に関するものが96%と圧倒的に多かった。

しかしその中で注目すべきは、販売が終わってしまった商品の再販を希望する意見が、40%を占めたという事実だった。

「氷をつくるトレー」が「アクセサリーをつくるトレー」に

顧客が再販を希望した商品の中に、ビー玉のような丸い氷が作れる「シリコーントレー／ビー玉」という名称の製氷トレーがあった。そこでくらしの良品研究所の担当者が担当部署に再販を要請したのだが、あっけなく断られてしまった。理由は明白で、かつて店頭でさっぱり売れず、「Cランク商品」として早々に売場から消えた商品だったからだ。売れないとわかっている商品を店に置いておく余裕はないのだから当然だ。

しかし担当者は諦めず、ネットでこの商品に関する顧客のブログを見つけ、今度はネット店舗を統括していた筆者・奥谷に見せにきた。それは、この製氷トレーを使って、レジン（樹脂）のアクセサリーを作ってみたというブログだった。これを見て筆者は、「ネット店舗で再販しましょう」という担当者の提案をすぐに了承した。ネットであればロングテールに耐えられるし、店頭を〝汚す〟こともないからだ。

２０１２年３月中旬にご意見パークで「再販を検討中」と表示し、４月末には５００個の数量限定としてネット店舗でのみ売り出したところ、たった２日間で完売してしまった。その後、６月末にも５００個を売り出すと、今度は１日で完売。そうした経緯から、９月にはそれまでの約４倍の商品を準備し、お１人様５個までの限定付きながら、ネット店舗での継続販売を決めた。

顧客によるブログという「使用段階の顧客の行動データ」を見つけてきた、担当者の目利きと言えよう。

継続販売になったとはいえ、無印良品の看板商品になったわけではない。売上貢献という意味では、相変わらずのCランクだ。それでも「理由は分からないが、売れてないから販売をやめる」ことと、「売れる理由が分かったこと」との違いは大きい。

理由さえ分かれば、最低生産ロットの数だけの購入が集まるよう、同じ理由でこの商品を欲しい人の選択段階に入り込んで提案すればよいからだ。顧客との対話を通して、「作った分を定価で販売できるCランク商品」として販売を続けることが可能になる。この「シリコーントレー／ビー玉」は、2017年現在もネット店舗で販売されている。

この事例からわかることは、商品の使用段階の行動データが分かれば、顧客とのつながりを持つ企業は様々な手を繰り出せるということだ。顧客というもう1人のマーケッターから学び、商品を再販し、顧客を特定して提案する。必ずしもゼロから商品をつくり出すだけではなく、既存の商品の用途開発という形でも、商品提案が可能になる。

優れたCランク商品を生み出すことに注力するだけでは、もちろん他社との競争に打ち勝てるはずはない。しかし、商品開発者もCランク商品を作りたくて企画しているわけではないし、

MUJI「スーパーCランク商品」の顧客との対話

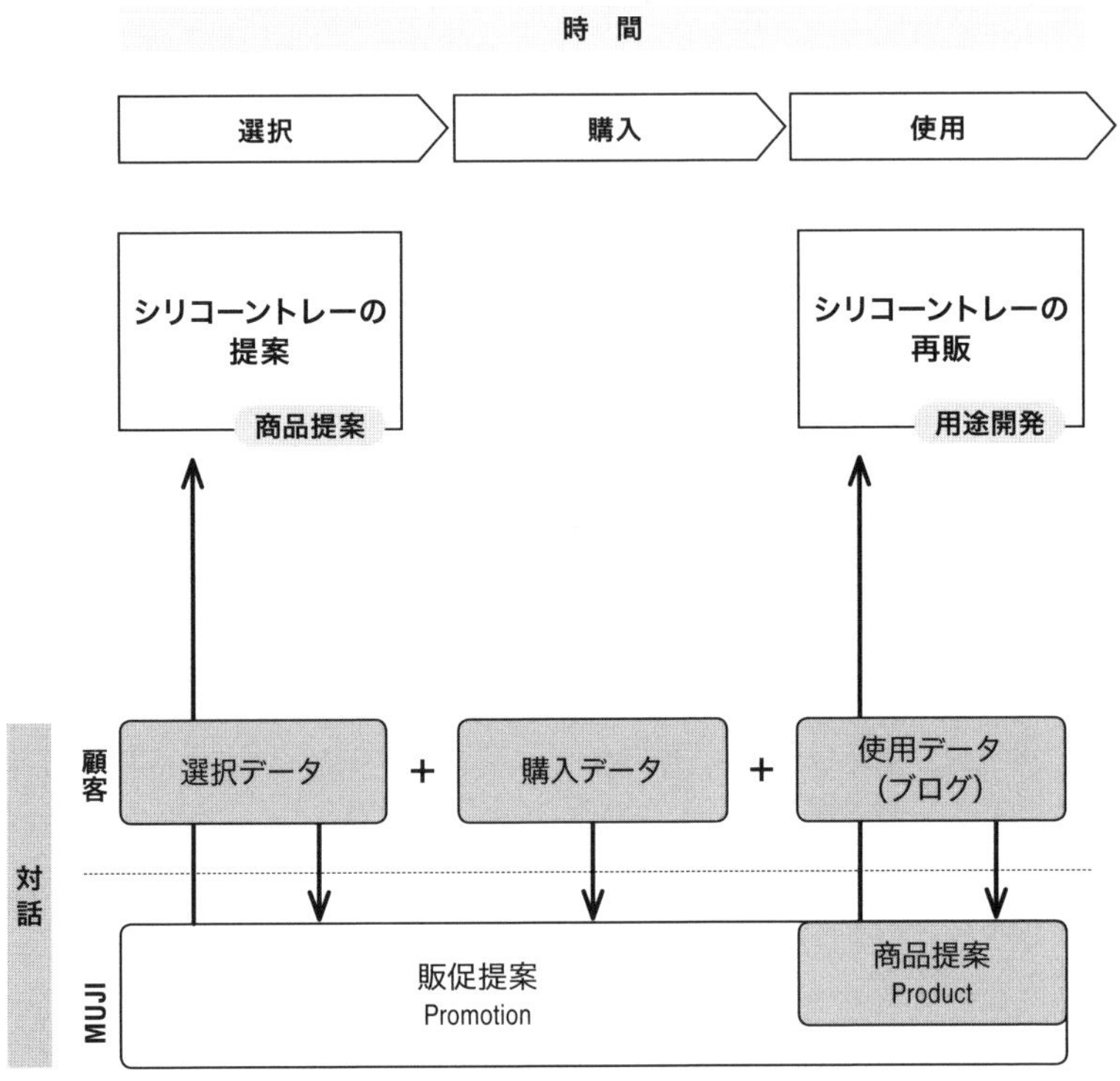

どんな商品でも開発に注がれたエネルギーは変わらない。保有する商品資産を有効に活用することもまた、顧客とのつながりを活かして商品を変える方法の1つと言える。

ここまで顧客とのつながりが、マーケティング要素をいかに変えるかを見てきた。チャネルを通して顧客の行動データを把握し、販促・価格・商品の提案を「個客」に対して繰り出していく。これがチャネルシフト戦略が目指す姿であり、その戦い方を完成させた企業は業界他社との競争に大きなインパクトを与えることになるだろう。

エンディング

チャネルシフト戦略を実行するために

チャネルシフトは、オンラインに軸足を置く企業が新たな顧客を獲得すべくオフラインへと進出する現象であり、同時にオフラインに持ち込まれた新しい戦い方である。

これを実践する企業は「個客」を認証する技術を活用し、その行動データを収集し、それをもとにマーケティング要素自体を変革し、1人ひとりに最適な提案を仕掛ける。そうなると、顧客は完全にそのサイクルの中に取り込まれてしまう。

本書ではその戦い方を、フレームワークと事例を通して解説してきた。チャネルシフトは、これから加速していく戦いであり、そのすべてを既に完全に成し遂げた企業があるとは思わない。その意味では、本書で示した事例は、兆しに過ぎない。しかしその「狙い」は徐々に明らかになってきている。

アマゾンを先頭にチャネルシフトを仕掛ける企業は、自由にオンラインとオフラインを行き来する顧客に対して、無作為にチャネルを配置しているわけではない。明確な戦略意図を持ち、顧客のどんな行動データをどの程度把握するかを決め、そのための仕掛けとしてチャネルを配置している。

そして様々なチャネルから把握した顧客行動データを踏まえて、斬新な提案を繰り出してくる。それは最適化された情報提供や配送の見直し、さらに顧客ごとに異なる価格設定やPB商品の開発などに及んでいる。

本書では、「顧客とのつながり」という言葉をたびたび使ってきた。それは顧客との対話によって創られるものであり、対話とは、顧客から提供される行動データと、それに応じた企業からの提案であると説明した。それが顧客の購買体験の質を大きく左右し、その企業やブランドへの気持ちや行動を変えるからだ。

従来型のオフライン店舗では、顧客とのつながりと言うと、来店客との直接的な会話や馴染みのお客様と店舗スタッフとの関係性を思い浮かべることが多い。これまで以上に、そのような人的なつながりが重要になっていることは間違いない。しかしそれだけでは、多くの「個客」を認識できないし、せっかく築いた「つながり」という資産は可視化ができない。

可視化できないものは組織内で共有することができず、したがって企業単位のマーケティングに活用できない。現場が顧客と良いつながりを築いても、それが店舗オペレーションレベルで留まってしまい、経営に活かされないのだ。これは企業にとって、大きな成長機会の損失だ。

チャネルシフト戦略は、言い換えれば、オフライン市場のデジタルトランスフォーメーションである。顧客の行動データをいかに蓄積するか、そしてそれをどう活用するかは、これからの経営全体においての大きな戦略要素になる。本書で示した事例が、すべてではない。方法は様々にあるはずだ。

もちろん通販企業やオフライン店舗を展開する企業も、顧客データを活用してきた。しかしその多くが、「購入」という「点のデータ」だった。これに対してオンライン企業は、顧客の買い物行動プロセス全体での行動データを重視する。

データをオンラインに循環させて活用できる企業から見れば、行動データ獲得のためだけでも、オフラインに進出する価値は十分にある。オンラインでのつながりに、オフライン店舗を組み合わせると、購買体験は圧倒的に強く深いものになる。チャネルを単なる販売の場と捉えているオフライン企業は、そのことを忘れている。その隙をついているのが、オンライン企業なのだ。オンラインよりも遥かに大きいオフラインでの接点に入り込み、顧客とのつながりを創ろうとしている。

危機感と行動

「オンラインの市場は1割に過ぎないが急伸している」と捉えるか、「オンラインの市場は急伸しているが1割に過ぎない」と捉えるかで、危機感はだいぶ違う。加えてこれまでは、オフラインからオンラインへと、顧客の買い物行動が徐々に「移行」するといった感覚を、多くの実務家が持っていたのではないだろうか。

しかしいま始まっているのは、移行ではなく「融合」である。アマゾンのホールフーズ買収が大きな衝撃だったのは、その実感を多くの人々に与えたからだ。

このような動きは、中国でも加速している。中でも、アリババのオフライン企業との融合は活発だ。さらなる企業単位の提携や買収もあるだろう。日本市場への影響は、アマゾンよりもアリババの動きが早いかもしれない。中国の動きにも、これから注目していく必要がある。

外圧による強制的な融合も現実味を増す一方で、社内でのオンラインとオフラインの融合すらうまく進まない、という課題を多くの企業が抱えている。それが難しいのは、既存の店舗や業務で縦割りにされてきた組織に、顧客の行動データという横串を通そうとするからだ。そしてオンラインとオフラインを担う部署や人材は、筆者らの経験からすると、概ね仲が悪い。そんな理由かと笑われるかもしれないが、往々にして変革が頓挫する最大の原因は、組織内に機能が不足しているからではなく、協業の文化をつくれないからだ。そもそも部署内で使用する言語が違ったり、計画を立てるスパンがまったく違ったりする。そこに横串を通して協力するのは、現業を進めながらではなかなか難しい。

筆者らが本書を記したのは、このような環境変化の激しさと、多くのオフライン企業の対応の遅さというギャップに、危機感を持ったからだ。奥谷はオンライン領域の出身であり、岩井はオフライン領域の出身である。本書の執筆は、まさに双方の思考の衝突でもあったが、この危機感は共通していた。

いま必要なのは、各企業のオンラインとオフラインの人材が、いま起こっていることに対する危機感を共有すること、そしてその解決に向けて協業できる思考の枠組みを持つことである。本書にはそのための事例と、フレームワークを示したつもりである。これらは、1つの専門性を持つ個人が1人で読んでも、あまり意味はない。いま必要なのは、単に事例を知ることではなく、そこに自社を当てはめて思考し、周囲と協業することである。チャネルシフトという新しい戦いは、すでに始まっている。本書をぜひ、変革への挑戦の現場で活用していただければ幸いである。

思考の更なる発展にむけて

また、本書における思考実験および、フレームワーク作りには多くの先人の知恵が含まれている。冒頭にも記した通り、フィリップ・コトラーやその他多くの学術的知見に刺激と示唆を受けて本書が生まれていることを改め明記しておきたい。

本書で紹介したチャネルシフト・マトリクスはMIT Sloan Management ReviewにDavid Bell他が提案したフレームワームに大きな影響を受けている。学術的な解説は控えたいと思うが、彼らは消費者のオムニチャネル化が小売業の情報発信や商品の提供方法に革新をもたらすことを指摘している。その上で、伝統的小売業もオンライン専業企業の戦略も取り込んだ、ネットとリアルの融合を考慮するべきであると提唱している。

彼らは、消費者の購買プロセスのすべてにおいて、情報提供と商品提供における障害、購入障壁、不安要素を取り除き、消費者にとって最も便利で、小売業者にとって費用対効果が高い手法で商品や情報提供をする必要があるとして、次の図のようなマトリックスでオムニチャネル化する消費者へのアプローチを考察している。

このフレームワークは2つの基礎的な質問から構成されている。1つは消費者はどのようにして購買意思決定に必要な情報を集めているのか、もう1つは商品はどのようにFulfill（運ば

情報×物流マトリクス

商品取得方法（横軸）／情報伝達&取得方法（縦軸）

情報伝達&取得方法	店頭受取	配達
Offline	① 伝統的小売業 ・HomeGoods ・Ross	③ ネット販売 & ショールーム ・Warby Parker ・Bonobos
Online	② 店舗販売 & 配達ハイブリッド型 ・Crate & Barrel ・Toys “R” Us	④ オンライン 専業企業 ・Amazon.com ・Overstock.com

出所:Bell et al.（2014）より筆者作成

れる／満たされる）されるのか、である。この視点から企業はオムニチャネル化する消費者に対しての戦略を立案することができるとして、いくつかの米国小売業の企業事例を解説している。オムニチャネルな世界で勝つためには、①にある伝統的小売業は象限②③④へ、同様に④にあるネット専業企業は象限②③へと広げていく戦略を考察・実践する必要性を説いている。

本書のチャネルシフト・マトリクスでは、このフレームワークを顧客の意思決定の視点から捉え直し、顧客行動であるオンラインとオフラインにおける選択・購入に置き換え、戦略構築のフレームワークへと進化させたものと言える。顧客のどのようなジャーニーを捉えるか、そのための自社の戦略拡大の方向性を、２つのダイナミズムで表現したものである。

また我々の「顧客時間」という考え方についても、すでに本書でも記載した通り、学術の視点から大いに影響を受けている。本書ではこのように、実務と学術を融合させた視点から、「世界最先端のマーケティング」を事例から紐解くことを志向した。

もちろん我々が提案したフレームワークも完全なものではなく、今後も進化、改善が求められる。激しく移り変わる最先端のマーケティングを追い続け、これを実務に生かしていくために、実践と学術的知見の融合という終わりのない取り組みを、筆者らはこれからも続けていきたいと思う。

謝辞

本書は、多くの人々とのつながりによって生み出されている。

実務家としての本業を超えた多くの同志と呼べる仲間とのつながりに恵まれ、そこで共有された問題意識や体験が、本書を形作っている。またその中には、本書が出る直前の年末年始に原稿を読み、具体的な指摘を寄せてくれた仲間もいる。この場を借りて、御礼を申し上げたい。

また奥谷・岩井は、早稲田大学ビジネススクールで、同期として学んだ。我々の師である、早稲田大学商学学術院教授の内田和成先生、守口剛先生のご指導がなければ、いまの我々はなく本書は生まれていない。両先生には、卒業後も継続して学びの機会をいただき、共に学んだ仲間とのつながりも与えていただいている。母校での体験こそが、我々の勇気と行動の源である。

さらに筆者・奥谷は所属するオイシックスドット大地、そして前職である良品計画での知見なしにはこの本の執筆はなかったことを改めて感謝したい。また筆者・岩井は所属する大広で、巨大な経験と知見を持つ先達に鍛えられてきた。その方がこの本を契機に、奥谷・岩井を強く結びつけてくださった。とびきりの恥ずかしがり屋の方なので名前は伏せるが、心から御礼を申し上げたいと思う。

筆者らの問題意識を聞き、執筆を薦めてくださったのは、日経ＢＰ社の長崎隆司さんである。本を書くというのは、答えを提示すること以上に、社会に問いを投げかけることでもある。本書のような兆しを捉えようとする本は、特にそうだ。「答え」は多くの人々にわかりやすく届きやすいが、「問い」は尖っていなければ届かない。長崎さんはいつもニコニコと笑顔で、しかし問いかけることにはまったく妥協しない姿勢で、迷える筆者らの背中を押してくださった。

さらに同社で日経デジタルマーケティングの編集長を務める安倍俊廣さんは、本書のテーマに早くから理解を示し、同誌での連載機会を与えてくださった。本書にはそこでの連載と、過去に奥谷が同誌で連載したものも、編集して活用している。連載の過程で安倍さんからいただいた鋭い指摘が、筆者らの思考を深め、本書を読者にとってさらに価値あるものにしてくれたことは間違いない。

そして、筆者らの家族に感謝を伝えたい。筆者らのいつも勝手気ままな好奇心を一緒におもしろがり、リュック1つで国内に海外に出かけてしまう行動に理解を示し、そして本を書くという挑戦を心から応援してくれた。奥谷の妻・美恵、娘・美壽々・亜壽紗、(そして愛猫・マコロン)、岩井の妻・由佳、息子・郁磨。本当にありがとう。

最後に、本書での問いかけが、皆さんの実務において次の行動を生むことにつながれば、本望である。筆者らへの連絡は、フェイスブック他で可能である。いつでも声を寄せていただきたい。多くの人々とのつながりが生んだ本書が、この本を手に取ってくださった皆さんとの新しいつながりを創ってくれることを、心から願っている。

2018年2月　奥谷・岩井

『ニトリの都心店、切り札は“手ぶらで買い物”　ショールーミングを武器に変える』日経トレンディネット、2017年10月3日
『ゾゾタウンが独自ブランドに手をつける事情　前澤社長がこだわるのは「究極のフィット感」』東洋経済オンライン、2017年11月01日
『ウォルマート：オンライン販売は40%増の見通しーアマゾン追い上げへ』Bloomberg、2017年10月10日
『無印良品やFrancfrancも採用、インテリア試着アプリ「リビングスタイル」が２億円調達』Tech Crunch、2016年7月12日
『顧客と友達のような関係を築くZOZOTOWNのCFM戦略、130種類以上のパーソナライズメールを自動配信』日経デジタルマーケティングWEB版、2013年10月17日
『国交省の実証実験参加の公式アプリ「相乗りタクシー」をリリース　パートナーとして乗り換え案内アプリや航空会社がサービス連携』Japan Taxiプレスリリース、2018年1月22日、https://japantaxi.co.jp/news/cat-pr/2018/01/22/pr.html
『「試着は自宅で」メガネをECで販売する「Warby Parker」』Money Wave、2016年9月28日
『ニトリ／ECサイト売上40%増、都心出店と相乗効果で一都三県が好調』流通ニュース、2017年12月25日
『肉マイレージカード　１００万枚突破』ペッパーフードサービスプレスリリース、2017年4月6日、http://www.pepper-fs.co.jp/_img/news/pdf/2017/PFS20170406.pdf#search=%27肉マイレージ+プレスリリース%27

『アマゾン　渋谷MODIにサイバーマンデーセールをリアル体験できる限定店舗』流通ニュース、2017年12月8日
『アマゾン対ゾゾタウン、一騎打ちの構図　PBも計画』日本経済新聞電子版、2017年10月4日
『アマゾン、ドライブスルー専用店舗のアマゾンフレッシュピックアップの画像公開！』BLOGOS、2017年7月11日
『支払いは電子マネーのみの最新スーパー、アリババも出資する盒馬鮮生』Digital Innovation Lab、2017年1月10日
『MIT教授がデザインした"未来型スーパーマーケット"がミラノにオープン』Business Insider Japan、2017年1月29日
『アマゾン、ホールフーズの買収を完了』JB PRESS、2017年8月29日
『ウーバー対抗、日本交通の配車アプリへのこだわり』IT PRO、2017年12月12日
『イケアはスマホアプリにARを導入し、「家具の買い方」を根本から変える』WIRED、2017年10月6日
『Amazon Goの仕組み「カメラとマイク」で実現するレジなしスーパー』宮田拓弥、2016年12月10日
『相乗りタクシー18年1月試行　日本交通と大和自動車』日本経済新聞電子版、2017年12月19日
『「ZOZO SUIT」はECの常識をくつがえす、新しいIoTソリューションになりえるか』Adevertimes、2017年11月27日
『アマゾン、狙いは実店舗と即配事業の相乗効果?ベゾスCEO、腹心の部下を新組織体制の責任者に』JB PREESS、2017年11月14日
『「ゾゾ」初の自社ブランド名は「ZOZO」　採寸のための"ZOZOSUIT"無料配布を発表』Yahoo News、2017年11月22日
『米アマゾン、「フレッシュ」を縮小－ホールフーズ買収で食品戦略調整』Bloomberg、2017年11月6日
『中国配車アプリ「滴滴」、来春にも日本でサービス 第一交通と組む』日本経済新聞電子版、2017年10月30日
『連載：米国経済から読み解くビジネス羅針盤　世界を震撼させるアマゾンのPB戦略、その影響はアパレル以外にも及ぶ34のプライベートブランドが、アマゾンに1100億円超の利益をもたらす可能性』Business Insider Japan、2017年10月12日

フィリップ・コトラー、ヘルマワン・カルタジャヤ、イワン・セティアワン『コトラーのマーケティング4.0 スマートフォン時代の究極法則』恩蔵直人監訳、藤井清美訳、朝日新聞出版、2017年。

C・K・プラハラード、ベンカト・ラマスワミ『コ・イノベーション経営　価値共創の未来に向けて』有賀裕子訳、一條和生解説、東洋経済出版社、2013年。

セオドア・レビット『T.レビット マーケティング論』有賀裕子訳、ダイヤモンド社、2007年

"2017 Internet trend" Kleiner Perkins Caufield Byers, http://www.kpcb.com/internet-trends
"2016 Internet trends reports" Kleiner Perkins Caufield Byers, http://www.kpcb.com/blog/2016-internet-trends-report
"Mobile Retailing Blueprint A Comprehensive Guide for Navigating the Mobile Landscape Version 2.0.0" MOBILE RETAIL INITIATIVE, 2011/01/04, A Joint White Paper sponsored by the National Retail Federation
"Most Innovative Companies 2015" FAST COMPANY, https://www.fastcompany.com/most-innovative-companies/2015 (2018年2月5日 最終アクセス)
"Starbucks' mobile ordering reaches 9% of transactions" MOBILE MARKETER, July 31, 2017
"Google. ZMOT Ways to Win Shoppers at the Zero Moment of Truth Handbook (2012)" https://www.thinkwithgoogle.com/research-studies/2012-zmot-handbook.html (2016年7月12日最終アクセス)
『JADMANEWS』日本通信販売協会、2013年6月号。
『特別企画：人手不足に対する企業の動向調査』帝国データバンク、2015年8月20日発行。http://www.tdb.co.jp/report/watching/press/pdf/p150807.pdf (2016年7月19日最終アクセス)
『特別企画：人手不足に対する企業の動向調査』帝国データバンク、2016年2月23日発行。http://www.tdb.co.jp/report/watching/press/pdf/p160203.pdf (2016年7月19日最終アクセス)
『アマゾンが今さらにリアル書店を大量出店するワケ』日本経済新聞電子版、2016年2月12日

参考文献

Brynjolfsson, Erik., Yu Jeffery Hu, and Mohammad S. Rahman (2013) "Competing in the Age of Omnichannel Retailing," *MIT Sloan Management Review*, 54.4, 24-29.

Bell, David R., Santiago Gallino, and Antonio Moreno.(2014) "How to win in an omnichannel world" *MIT Sloan Management Review* 56.1, 45-53.

Lemon, K. N., & Verhoef, P. C. (2016) "Understanding customer experience throughout the customer journey" *Journal of Marketing*, 80(6), 69-96.

神谷渉 (2013)「米国小売業にみる購買者接点多様化への対応策」『流通情報』第４４巻第６号.流通経済研究所. 12-19。

近藤公彦 (2015)「Opportunities and Challenges of Omnichannel Strategy in Japanese Retailing」, International Conference of Asian Marketing Associations, 配布資料。

新倉貴士 (2015)「モバイルアプリと購買意思決定プロセス」『慶応経営論集』32 (1), 35 - 50。

矢作敏行 (2016)「商業界次世代 成長エンジン構築 オムニチャネル時代に備える！流通機能 脱構築を進めよ」『販売革新』,26 - 29。

山本昭二 (2015)「オムニチャネル特性と消費者行動」『ビジネス&アカウンティングレビュー』(16), 55 - 68。

奥谷孝司 (2016)「米国小売業に見るオムニチャネル戦略 (特集 ダイレクトマーケティングとパラダイムシフト)」『流通情報』48(3), 6-22.

奥谷孝司, 西原彰宏, & 太宰潮 (2017)「AMA: Journal of Marketing 論文抄訳 カスタマージャーニーを通じた顧客経験の理解」『マーケティングジャーナル』37(2), 112-127.

奥谷孝司 (2016)「オムニチャネル化する消費者と購買意思決定プロセス: Mobile Device がもたらす小売業の未来と課題 (特集 小売の革新)」『マーケティングジャーナル』36(2), 21-43.

著者紹介

奥谷孝司（おくたに・たかし）

オイシックスドット大地COCO（チーフ・オムニチャネル・オフィサー）

1997年良品計画入社。店舗勤務や取引先商社への出向（ドイツ勤務）、World MUJI企画、企画デザイン室などを経て、2005年衣料雑貨のカテゴリーマネージャーとして「足なり直角靴下」を開発して定番ヒット商品に育てる。2010年WEB事業部長に就き、「MUJI passport」をプロデュース。2015年10月にオイシックス（現オイシックスドット大地）に入社し、現職に。早稲田大学大学院商学研究科修士課程修了（MBA）。2017年4月から一橋大学大学院商学研究科博士後期課程在籍中。2017年10月Engagement Commerce Lab.設立。日本マーケティング学会理事。

岩井琢磨（いわい・たくま）

大広プロジェクト・プランナー

1993年大広入社。インストア・プランナー、クリエイティブ・ディレクター、ブランド・コンサルタントなどを経て現職。流通業・製造業などの企業を対象とした、部署横断型の事業変革プロジェクト、企業ブランド再生および企業コミュニケーション設計プロジェクトを数多く手がけている。早稲田大学大学院商学研究科修士課程修了（MBA）。著書に『物語戦略』（共著、日経BP社）、『ゲーム・チェンジャーの競争戦略』（共著、日本経済新聞出版社）がある。日本マーケティング学会会員。

世界最先端のマーケティング
顧客とつながる企業のチャネルシフト戦略

2018年 2月26日 第1版第1刷発行
2019年10月18日 第1版第7刷発行

著　者　奥谷孝司・岩井琢磨
発行者　村上広樹
発　行　日経BP社
発　売　日経BPマーケティング
〒105-8308 東京都港区虎ノ門4-3-12
http://www.nikkeibp.co.jp/books/
装　丁　小口翔平＋上坊菜々子（tobufune）
制作・図版作成　秋本さやか（アーティザンカンパニー）
編　集　長崎隆司
印刷・製本　図書印刷

本書籍に関するお問い合わせ、ご連絡は下記に承ります。
http://nkbp.jp/booksQA

Printed in Japan
ISBN978-4-8222-5558-9